Le dernier rêve

Pedro Almodóvar

Le dernier rêve

récits

Traduit de l'espagnol par Anne Plantagenet

Flammarion

Titre original : *El último sueño*
Éditeur original : Reservoir Books,
une marque de Penguin Random House Grupo Editorial

ISBN : 978-2-0804-3678-8

Pour Lola García,
mon frère Agustín et Jonás Peiró

« Et elles contenaient le compte rendu d'instants dont il gardait précieusement le souvenir, mais qu'il ne pouvait partager avec personne. Des regards fortuits adressés à des jeunes gens repérés dans le public de ses conférences, ou croisés lors d'un concert. Des regards parfois réciproques, et éloquents alors dans leur intensité. Il appréciait les hommages publics et les vastes auditoires qui se déplaçaient pour l'écouter, mais c'étaient en définitive toujours ces rencontres furtives et silencieuses qui lui restaient en mémoire. Ne pas noter dans son journal le message transmis par l'énergie secrète d'un regard, aurait été impensable. »

Colm TÓIBÍN, *Le Magicien*

Introduction

J'ai toujours refusé d'écrire mon autobiographie, bien qu'on me l'ait souvent proposé. On m'a également proposé de l'écrire à ma place, mais j'éprouve, encore aujourd'hui, une sorte d'aversion à l'idée d'un livre qui parlerait intégralement de moi en tant qu'individu. Je n'ai jamais tenu de journal intime : chaque fois que j'ai essayé, je n'ai pas dépassé la deuxième page. Ce livre constitue donc ma première contradiction. C'est ce qui ressemble le plus à une autobiographie morcelée, incomplète et quelque peu cryptique. Cependant, je crois que le lecteur finira par y trouver beaucoup d'informations sur moi comme réalisateur, comme affabulateur (écrivain), et sur la façon dont tout se mélange dans ma vie. Mais il y a d'autres contradictions dans ce que je viens d'écrire : je n'ai jamais été capable de tenir un journal et pourtant figurent ici quatre textes qui démentent cette affirmation : celui sur la mort de ma mère, ma visite à la chanteuse mexicaine Chavela Vargas à Tepoztlán, la chronique d'un jour vide et « Un mauvais roman ». Ces quatre textes sont des captures de ma vie à l'instant où je la vivais, sans une once de distance. Ce recueil de récits (je donne le nom de récit à tout, sans faire de distinction entre les genres) montre le lien étroit entre ce que j'écris, ce que je filme et ce que je vis.

Les récits inédits ont été conservés parmi un tas de textes, à mon bureau, par Lola García. Lola est mon assistante dans ce domaine et dans beaucoup d'autres. Elle a regroupé ces récits après les avoir récupérés dans de vieilles pochettes bleues qu'elle a sauvées du chaos au cours de mes innombrables déménagements. Avec Jaume Bonfill, ils ont décidé de les ressortir au grand jour. Je ne les avais jamais relus : Lola les avait archivés et je les avais oubliés. Après toutes ces décennies, il ne me serait pas venu à l'esprit de me replonger dedans si elle ne me l'avait pas suggéré. Avec un certain bon sens, Lola en a sélectionné quelques-uns, pour voir comment je réagissais. Dans les moments creux, entre la préproduction et la postproduction de *Strange Way of Life*, je me suis distrait en les relisant. Je ne les ai pas retouchés : ce qui m'intéressait c'était me souvenir, me souvenir de ces textes tels qu'ils avaient été écrits en leur temps, et constater combien ma vie et tout ce qui m'entoure avaient changé depuis que j'ai quitté le lycée avec mes deux bacs en poche.

Je me savais écrivain depuis l'enfance. J'ai toujours écrit. Si je n'ai jamais eu de doute quant à ma vocation littéraire, en revanche je n'ai jamais été sûr de la réussite de mes écrits. Je parle de ma passion pour la littérature et l'écriture dans deux récits, « Vie et mort de Miguel », rédigé au cours de quelques après-midi entre 1967 et 1970, et « Un mauvais roman », qui date de 2023.

Je me suis réconcilié avec certains d'entre eux et me suis rappelé comment et où je les avais écrits. Je me revois dans le patio de la maison familiale à Madrigalejo, sous une treille, en train de taper sur une Olivetti « Vie et mort de Miguel », à côté d'un lapin écorché et suspendu à une corde en guise de tue-mouches des plus répugnants. Ou écrivant en cachette dans les bureaux de Telefónica, au début des années 1970, une fois mon travail terminé. Ou encore, bien sûr, dans les différentes maisons où j'ai vécu, écrivant près d'une fenêtre.

Ces récits sont un complément à mes travaux cinématographiques : parfois ils m'ont servi de reflet immédiat du moment que je vivais alors, ou sont devenus des films bien plus tard (*La Mauvaise Éducation*, certaines scènes de *Douleur et Gloire*) ; ou bien ils finiront par le devenir.

Ce sont tous des récits initiatiques (je considère cette étape toujours en cours) et beaucoup d'entre eux sont nés pour chasser l'ennui.

En 1979, je crée un personnage débordant, dans tous les sens du terme, Patty Diphusa (« Confessions d'une sex-symbol »), et j'inaugure le XXIe siècle avec le récit du premier jour de ma vie après la mort de ma mère (« Le dernier rêve »). Dans tous les textes postérieurs (y compris « Amer Noël », où je me permets d'inclure un *set piece* sur Chavela Vargas, dont la voix apparaît de façon indélébile dans plusieurs de mes films), je dirais que je tourne le regard sur moi-même et deviens le nouveau personnage de « Adieu, volcan », « Souvenir d'un jour vide » et « Un mauvais roman ». Ce nouveau personnage, moi-même, est l'opposé de Patty, même si nous formons la même personne. Au XXIe siècle, je suis quelqu'un de plus sombre, plus austère et plus mélancolique, avec moins de certitudes, plus d'insécurité et de peurs : c'est là que je trouve mon inspiration. Preuve en sont les films que j'ai réalisés, en particulier au cours des six dernières années.

Tout est dans ce livre ; je découvre aussi qu'à peine arrivé à Madrid, au début des années 1970, j'étais déjà celui que je deviendrais : le texte « La visite » s'est transformé en 2004 en un film, *La Mauvaise Éducation*, et si j'avais eu assez d'argent j'aurais commencé comme réalisateur avec « Jeanne, la Belle au bois dément » ou « La cérémonie du miroir », puis j'aurais enchaîné avec les films que j'ai faits ensuite. Mais il y a encore des récits antérieurs à mon arrivée à Madrid, composés entre 1967 et 1970 : « La rédemption » et « Vie et mort de Miguel », que j'ai déjà mentionné. Dans ces deux textes je reconnais, d'une part, que je viens de quitter le lycée et, de l'autre, l'angoisse de ma jeunesse, la peur de rester prisonnier au village et le besoin de fuir le plus vite possible pour venir à Madrid (j'ai passé ces trois années avec ma famille à Madrigalejo, province de Cáceres).

J'ai voulu laisser ces textes tels quels, mais je n'ai pas résisté, je l'avoue, à reprendre « Vie et mort de Miguel » ; le style me paraissait trop ampoulé et je l'ai un peu retouché, en respectant le ton originel. C'est un récit dont la lecture, après plus de cinquante ans, m'a surpris. Je me rappelais parfaitement l'idée initiale de ce texte : raconter la vie à l'envers. En cela résidaient son essence et, si je puis dire, son originalité. Des années plus tard, j'ai cru qu'on m'avait plagié dans *Benjamin Button.* L'histoire en soi est conventionnelle et correspond à ma trajectoire personnelle, aussi pauvre qu'elle l'était alors. L'important, c'était l'idée. Lorsque je relis ce texte aujourd'hui, je m'aperçois qu'il parle principalement de la mémoire et de l'impuissance face au temps qui passe. J'y songeais sans doute en l'écrivant, mais je l'avais oublié et cela m'étonne. L'éducation religieuse est encore présente dans tous mes écrits des années 1970.

Le changement radical se produit en 1979 avec la création de Patty Diphusa ; je n'aurais pas pu inventer ce personnage avant le tourbillon de la fin des années 1970, ni après. Je me suis revu devant la machine à écrire, touchant à tout, vivant et écrivant à une vitesse vertigineuse. Le XXe siècle s'achève pour moi avec « Le dernier rêve », le premier jour de ma vie sans ma mère ; j'ai voulu inclure ce court récit car je pense que ces cinq pages figurent parmi ce que j'ai écrit de mieux jusqu'à présent. Je ne suis pas un grand écrivain pour autant ; je le serais si j'avais réussi à écrire au moins deux cents pages du même calibre. Pour que je puisse écrire « Le dernier rêve », il a fallu que ma mère meure.

Au-delà du lien entre « La visite » et *La Mauvaise Éducation*, on trouve dans ces textes de nombreux thèmes qui apparaissent dans mes films et les caractérisent. L'un d'eux est mon obsession pour *La Voix humaine* de Cocteau, qu'on voyait déjà dans *La Loi du désir* et était à l'origine de *Femmes au bord de la crise de nerfs*, qui a resurgi dans *Étreintes brisées* et a fini par devenir *The Human Voice*, avec Tilda Swinton, en 2021. J'évoque également dans « Trop de changements de genre » un élément-clé de *Tout sur ma mère* : l'éclectisme, le mélange non seulement de genres, mais aussi d'œuvres qui m'ont marqué : outre le monologue de Cocteau, on peut citer *Un tramway nommé Désir*, de Tennessee Williams (ma société de production s'appelle El Deseo – Le Désir), et *Opening Night*, le film de John Cassavetes. Tout ce qui tombait entre mes mains ou est passé devant mes yeux, je me le suis approprié et l'ai intégré à quelque chose de personnel, sans aller jusqu'aux extrêmes du personnage de León dans « Trop de changements de genre ».

En tant que réalisateur, je surgis en pleine explosion postmoderne : les idées viennent de partout ; tous les styles et époques cohabitent, il n'y a ni préjugés de genre ni ghettos. Le marché n'existait pas non plus, seul comptait le désir de vivre et de faire des choses. C'était le bouillon de culture idéal pour quelqu'un qui, comme moi, voulait bouffer le monde.

Je pouvais m'inspirer des patios manchegos où j'ai passé ma petite enfance, ou de la salle obscure madrilène du Rock-Ola, en passant, s'il le fallait, par les recoins les plus sinistres de ma seconde enfance dans une prison-école salésienne. Des années troubles et lumineuses à la fois, car l'horreur salésienne avait comme bande-son les messes en latin où j'étais soliste du chœur (*Douleur et Gloire*).

Je peux dire aujourd'hui que ce sont les trois lieux où je me suis formé : les patios manchegos où les femmes faisaient de la dentelle au fuseau, chantaient et jasaient sur tout le village ; la nuit madrilène, explosive et excessivement libre, de 1977 à 1990 ; et la ténébreuse éducation religieuse que j'ai reçue des salésiens au début des années 1960. Tout se trouve concentré dans ce volume, avec quelques compléments : le Désir, non seulement en tant que producteur de mes films, mais aussi folie, révélation et loi à laquelle nous devons nous soumettre, comme si nous étions les personnages d'un boléro.

La visite

Dans une rue d'une petite ville d'Estrémadure, une fille de vingt-cinq ans environ attire l'attention des passants à cause de sa tenue extravagante. C'est le milieu de la matinée et ses vêtements tape-à-l'œil se révèlent à la lumière du soleil encore plus inappropriés. Mais elle marche, imperturbable, indifférente aux regards des piétons étonnés. Comme si elle accomplissait un vieux plan prémédité, la fille se déplace avec une grande assurance. Sa robe, son chapeau et d'autres accessoires sont identiques à ceux de Marlene Dietrich dans *La Femme et le pantin* lorsqu'elle tente de séduire un important fonctionnaire afin d'obtenir un passeport pour Cesar Romero et elle. Plus qu'une évocation, les mouvements de la jeune femme sont une copie conforme de ceux de la célèbre star. Cette image sophistiquée et anachronique, dans le décor de la petite ville, paraît parfaitement irréelle et scandaleuse.

La femme s'arrête devant la porte d'une école salésienne et entre dans le bâtiment sans se départir de son assurance. Il n'y a pas la moindre hésitation dans son attitude, elle avance comme si l'école lui était familière. Un prêtre sort de la loge d'accueil pour venir à sa rencontre, stupéfait :

— Mademoiselle ? Je peux vous aider ? lui demande-t-il, très mal à l'aise.

— Je voudrais voir le père directeur, répond la jeune femme avec un aplomb écrasant.

Le prêtre, au bord de l'épouvante, déclare sans aucune conviction :

— J'ignore s'il est dans l'établissement.

— À cette heure il est dans son bureau, je le sais.

Malgré le ton catégorique avec lequel la fille s'exprime, son assurance efface la provocation que pourraient contenir ses paroles. Le prêtre la contemple de la tête aux pieds sans savoir quoi dire. Il ne devrait pas la laisser entrer, sa tenue est des plus scandaleuses, rumine-t-il en silence.

— Écoutez, c'est une école de jeunes garçons et…

— Et quoi ?

— Vous… cette robe…

— Qu'est-ce qu'elle a ma robe ? – la fille s'examine comme si elle craignait d'avoir une tache ou un accroc. Elle ne vous plaît pas ?

— Ce n'est pas ça…

— Alors quoi ? Vous n'allez pas me dire que vos élèves n'ont jamais vu de femme.

— Mademoiselle !

Elle lui coupe la parole :

— Le père directeur est-il dans son bureau, oui ou non ?

— Je ne sais pas s'il peut vous recevoir en ce moment.

— Je suis là pour une affaire urgente, qui le concerne autant que moi. Mais inutile de me montrer le chemin, je connais les lieux, j'ai un frère qui a été élève ici et je suis souvent venue le voir.

Sans attendre sa réaction, elle s'élance dans l'étroit couloir qui mène à la cour. Le prêtre lui emboîte le pas, inquiet.

— Mademoiselle ! Mademoiselle !

— C'est au fond, la porte de gauche, n'est-ce pas ?

— Oui, en effet, concède le prêtre hébété en la regardant s'éloigner.

Il n'y a personne dans la cour, c'est un jour de congé et la plupart des élèves internes ne sont pas là, ils sont en ville. Il reste juste les punis et les studieux. La fille descend ostensiblement les marches de la cour et se dirige vers la porte que lui a indiquée le prêtre. Elle frappe deux ou trois fois, sèchement, et attend. Entrez, ordonne une voix à l'intérieur. Elle obéit. Un prêtre d'environ quarante-cinq ans est assis à son bureau. À sa vue, il ne peut cacher sa stupeur.

— Qui êtes-vous ?

— Ne me regardez pas comme ça. Je suis la sœur d'un de vos anciens élèves et je suis venue vous voir de sa part – elle sourit avec désinvolture.

Le père directeur s'adresse à elle contrarié, mais curieux.

— De quel élève s'agit-il ?

— Luis Rodríguez Bahamonde.

En entendant ce nom, le prêtre change d'expression et observe la jeune femme plus attentivement, faisant abstraction de sa tenue pour trouver en elle un détail lui certifiant qu'elle dit la vérité.

— Vous êtes la sœur de Luis ? demande-t-il, enthousiaste – la fille acquiesce froidement. J'ai été un grand ami de votre frère, pour moi ce n'était pas un élève comme les autres.

Les paroles du prêtre laissent transparaître une évidente nostalgie.

— Je suis venue vous parler de lui.

— Je m'en réjouis beaucoup. Ça fait si longtemps que je ne l'ai pas vu ! Nous étions très proches… Mais dès qu'ils quittent l'école, les garçons nous oublient totalement. Je lui ai même écrit quelques lettres pour prendre des nouvelles, mais il ne m'a jamais répondu. Comment va-t-il ? Il a dû beaucoup changer, j'imagine, ce doit être un homme maintenant. En vous regardant mieux, je m'aperçois que vous lui ressemblez assez, vous avez les mêmes yeux.

La fille écoute, sérieuse, silencieuse.

— Du fait de ma vocation, je n'ai pas eu d'enfants, évidemment, mais comme tout homme j'éprouve le besoin de protéger et de former ceux qui commencent dans la vie – il marque une légère pause, la fille le scrute sans ciller, il s'en rend à peine compte, plongé dans ses souvenirs. Votre frère Luis était comme un fils pour moi. Je suis très content que vous soyez venue. Comment vous appelez-vous ?

— Paula.

— Vous avez beaucoup de choses à me raconter. Mais d'abord dites-moi pourquoi vous êtes venue.

— J'ai une mauvaise nouvelle à vous annoncer.

— Quoi ?

— Mes parents sont morts dans un accident de voiture il y a quelques mois.

— Quelle horreur ! Je suis désolé.

Le père directeur semble vraiment bouleversé. Depuis que Paula est entrée dans son bureau, il s'est efforcé de ne pas tenir compte de son étrange tenue. C'était la sœur de Luis, et cette idée le réjouissait tellement… Mais maintenant qu'il a appris la mort de ses parents, sans parler de la froideur avec laquelle elle la lui a révélée, il trouve son attitude incompréhensible, en particulier le fait qu'elle porte cette robe saugrenue et inappropriée. Pour ne pas aggraver la situation, il prend sur lui, s'abstenant de tout commentaire, et cette retenue ôte à la conversation l'amabilité qu'il aurait souhaitée.

— Comme vous pouvez l'imaginer, ça a été un choc atroce, continue Paula. Les derniers mois ont été insupportables. Je commence tout juste à retrouver des forces pour lutter.

Dans la bouche de Paula, moulée dans sa robe luxurieuse, ces mots sonnent faux, mais le ton imposant qu'elle emploie interdit toute objection.

— Dieu vous aidera, reposez-vous sur Lui, vous n'êtes pas seuls.

Tous deux gardent le silence un moment. Soudain, le prêtre l'interroge :

— Et Luis, comment a-t-il réagi à… ?

— Il était avec eux, aucun des trois n'a survécu.

— Mon Dieu ! Luis !

Pour le prêtre, c'est la pire chose qu'il pouvait imaginer. Il reste immobile à son bureau, regardant Paula hébété. Ce n'est pas elle qu'il voit, mais Luis. Tandis qu'il répète son prénom, son visage se couvre de larmes. Hiératique, Paula l'observe sans émotion. Plusieurs minutes passent ainsi.

— Pardonnez-moi. J'aimais beaucoup votre frère. Si j'avais eu un fils, je ne l'aurais pas aimé davantage. Je l'ai vu grandir, se former, c'est affreux. Quel âge avait-il ?

— Vingt-quatre ans.

Le père directeur est complètement accablé. La nouvelle est pour lui un véritable traumatisme. La robe de Paula lui paraît de plus en plus ridicule et inopportune ; par ailleurs, le détachement avec lequel elle lui raconte ses malheurs l'irrite. Comment peut-elle annoncer la mort de ses parents et de son frère avec une telle indifférence ? Assise en face de lui, Paula semble incroyablement au-dessus de tout, comme si même la mort ne pouvait pas l'affecter. Que cache une telle démonstration d'arrogance ?

— Je vous ai apporté une des dernières photos de lui, j'ai pensé que vous aimeriez la conserver.

— Oh oui, bien sûr.

Dès le premier instant, le prêtre sait qu'il ne doit pas trop afficher ses sentiments envers son ancien élève avant de connaître un peu mieux les intentions de Paula, mais son besoin de parler de Luis était tel qu'il n'a pas fait d'efforts pour réprimer ses réactions.

Observant sa sœur, il comprend son erreur. Même si, au bout du compte, il ne lui a rien avoué de plus qu'aux parents de Luis quand ils venaient rendre visite à leur fils. Mais leur attitude était différente. Ils étaient fiers que leur garçon soit protégé par la personne la plus importante de l'école.

Face à la nouvelle de sa mort et à la présence glaciale de Paula, le prêtre se sent brisé, vulnérable.

— Tenez, lui dit-elle. Elle a été prise un peu avant l'accident.

C'était une des plus belles photos récentes de Luis, un plan taille. Il était torse nu. Sur le papier glacé, le jeune homme le regardait comme s'il voulait se confier à lui sans ouvrir la bouche. Le prêtre songe qu'il lui avait demandé de lui envoyer une photo, mais Luis ne l'avait jamais fait.

— Il a beaucoup changé, mais je l'aurais reconnu si je l'avais croisé dans la rue. Je n'arrive pas à croire qu'il soit mort.

Paula répond avec cynisme à la tristesse du père directeur.

— De toute façon, pour vous, la mort ne doit pas être aussi horrible que pour nous.

— Pourquoi dites-vous cela ?

Le prêtre ne comprend pas ce commentaire.

— Dieu est avec vous et c'est sûrement une grande consolation. J'imagine que n'importe quel malheur a pour vous une autre signification.

Le père directeur voudrait protester, mais il garde le silence.

— Malgré notre ministère, rien ne nous protège de la douleur humaine, réplique-t-il enfin, agacé et abattu, après avoir fourni un effort pour ne pas exploser et asséner à cette insolente ses quatre vérités. Mais parlez-moi plutôt de votre frère, de ce qu'il a fait ces dernières années, comment il était.

— Ces dernières années, son occupation la plus importante a été la littérature. C'était ce qui l'intéressait le plus. Il doutait beaucoup de son talent, il avait encore beaucoup à apprendre, c'est vrai, mais il avait déjà écrit des choses très intéressantes, même s'il n'en était pas satisfait. Nous nous aimions énormément lui et moi, continue Paula – son visage perd un peu de sa froideur puis se durcit. Nous avons été élevés ensemble, je le connaissais comme moi-même, nous n'avions aucun secret l'un pour l'autre. Je suis venue ici parce que je suis sûre que c'est ce qu'il aurait voulu.

Paula parle calmement, mais de manière implacable. Il y a comme une menace voilée dans le ton qu'elle emploie. Le père directeur est très nerveux, il ne sait pas quoi dire. Au fil des minutes, l'atmosphère devient irrespirable et le prêtre se demande comment réagir pour ne pas envenimer les choses. Tout ce qu'il désire, c'est que la fille lui parle de Luis. Mais, à cet instant, Paula sort un rouge à lèvres et un miroir de poche. Sous les yeux effarés du père directeur, elle se remaquille avec sensualité. Devant cette provocation grotesque, le prêtre ne peut plus se contenir.

— Mademoiselle, vous ne trouvez pas cela déplacé ?

— Déplacé ? Quoi ? s'interrompt-elle pour le fixer dans les yeux.

— Cette frivolité.

Paula sourit chaleureusement.

— Hum… j'adore la frivolité.

— Pourquoi vous êtes-vous habillée de cette façon pour venir me voir ? En plus d'être anachronique, c'est ridicule.

La fille n'est pas surprise par la tournure désagréable que prend soudain la conversation et continue sur le même ton agressif, sûre d'elle.

— Bien entendu, vous êtes un homme d'Église et tout ce qui vous parvient du monde vous paraît scabreux.

— Je ne vois pas le rapport, rétorque le prêtre qui ne cache plus son aversion.

— Je vais vous expliquer pourquoi je porte cette robe, dit la jeune femme, affable, comme si elle allait raconter une histoire drôle. Il y a une star célèbre, Marlene Dietrich, vous la connaissez ?

— Non, répond le père directeur malgré lui, se demandant où cette folle veut en venir.

— Je l'adore. Dans un de ses premiers films, on la voit dans une tenue identique à celle-ci, et à un moment elle chante quelque chose comme…

Paula se lève et entonne la chanson. Le prêtre l'interrompt et lui ordonne de se taire, mais la jeune fille, sans lui prêter la moindre attention, continue jusqu'au bout, comme s'il faisait partie du public invisible qu'elle doit séduire.

— Ça suffit ! Arrêtez ! vocifère le père directeur impuissant et hors de lui.

Paula sourit avec mépris.

— Ce n'est que le début !

— Qu'êtes-vous venue faire ici ?

— Parler de mon frère, répond-elle comme si de rien n'était, et accomplir ce qu'il n'a pas pu faire, faute de temps.

— Et il est indispensable que vous soyez vêtue de cette façon ?

— Oui.

— Je vous assure que si ce n'était pas en mémoire de Luis, je ne vous aurais pas laissée dire un mot.

— Pareil pour vous. Je n'aime pas non plus ce que vous portez et je n'ai rien dit jusqu'à présent.

— Vous avez l'air d'une prostituée.

— Bonne intuition…

— J'ignore ce que vous voulez, mais je vous ai assez supportée. Allez-vous-en !

— On ne parle pas de mon frère ? Où est passée votre curiosité ? Soyons courtois – elle lui fait signe de rester assis. Je vais vous lire une de ses histoires, je suis sûre que cela vous intéressera. Je me souviens que c'est ici qu'il a commencé à écrire. J'ai gardé une de ses poésies dédiées au Sacré-Cœur, pour laquelle il a obtenu une note incroyable en cours de littérature, il devait alors avoir dix ou onze ans.

— Je m'en souviens parfaitement – le prêtre a l'impression d'être ballotté d'un côté puis de l'autre, tel un pantin. J'étais son professeur dans cette matière. Il écrivait déjà avec beaucoup de sensibilité pour son âge. Je me réjouis qu'il ait continué.

— Je vous ai dit que c'était sa principale activité. Un recueil de textes choisis sort bientôt en librairie, il est en cours d'impression. Je vous en ai apporté quelques-uns.

— Tout cela est absurde. Sans votre incroyable ressemblance, je penserais qu'il s'agit d'une plaisanterie de mauvais goût. Quoi qu'il en soit, je vous remercie de vous être donné la peine de m'apporter ses écrits, même dans ces conditions ; je serai très heureux de les découvrir.

— Je vais vous lire les premiers. Ils sont consacrés au souvenir de ses années dans cette école.

— Il parle de nous ?

— Oui. Écoutez.

« … Les meilleurs élèves du mois – je figurais presque toujours parmi eux – étaient récompensés par une journée entière de congé exceptionnel, pendant que les autres garçons restaient à l'école, dans leur classe respective. Quand le temps le permettait, on passait cette journée à la campagne. On partait après le petit déjeuner et on rentrait pour le dîner. À cette occasion, un professeur nous accompagnait pour veiller sur nous. En général c'était aussi une gratification pour lui, car il se divertissait autant que nous. Sa seule obligation était de rester à nos côtés et de s'assurer qu'il ne nous arrive rien. Parfois, la réussite de ces sorties tenait exclusivement à la compagnie agréable du professeur en question : certains préparaient à l'avance le programme du jour, prévoyant des jeux originaux et drôles ; d'autres nous racontaient d'innombrables anecdotes amusantes dont on ne savait jamais si elles étaient vraies, si le professeur les inventait sur le moment ou s'il les avait lues dans un livre, même s'il nous affirmait qu'elles lui étaient réellement arrivées.

C'est don Ceferino, un prêtre d'une trentaine d'années, qui nous a accompagnés à l'excursion dont je vais parler. C'était une belle journée de printemps et nous sommes allés sur une colline voisine pleine de buissons, près d'une rivière. Je ne ressentais pas de familiarité avec Don Ceferino, il avait un côté canaille qui me mettait mal à l'aise ; j'étais très croyant et pour moi le prêtre idéal était tel qu'on nous le montrait dans les livres, toujours prêt à faire le bien, les yeux sans cesse tournés vers le ciel. Don Ceferino souriait comme tout un chacun, ce qui me faisait penser que quelque chose chez lui ne cadrait pas avec sa profession.

Je ne sais pas comment je me suis retrouvé allongé sur un flanc de la colline, à l'ombre d'un arbre, derrière un buisson, à côté de lui, tandis que les autres garçons jouaient ailleurs. Ils ne devaient pas être loin, mais on ne les voyait pas. (À présent je mesure l'audace de don Ceferino, n'importe lequel d'entre eux aurait pu surgir à ce moment-là.) Je ne me souviens pas de ce qu'il me racontait, on n'y prêtait attention ni l'un ni l'autre, bien entendu, il parlait uniquement pour combler le silence. Il a déboutonné sa soutane, au milieu exactement, m'a attrapé la main et l'a introduite à cet endroit. Je me suis mis à trembler, terrifié et excité, et j'ai aussitôt retiré ma main, qu'il a reprise avec fermeté. Après avoir résisté en vain, je l'ai laissé se masturber avec ma main ; j'éprouvais à la fois de la curiosité et de la répugnance. Les poils de son sexe me rappelaient le contact de l'herbe sèche et aride de la campagne. De retour à l'école, je n'arrivais pas à comprendre ce qu'il s'était passé. Pour soulager mon anxiété, je décidai d'aller voir mon directeur de conscience. Je ne savais pas à qui demander de l'aide et tentai de me convaincre que ce serait la bonne personne.

Le lendemain, après le déjeuner, je suis allé frapper à la porte de son bureau. Sans ouvrir, il m'a demandé qui j'étais et ce que je voulais. Je lui ai dit que je souhaitais me confesser. Il m'a répondu qu'il était occupé, et m'a demandé de revenir en fin d'après-midi, à son confessionnal, pendant le bénédicité (le bénédicité est une prière chrétienne à laquelle nous assistions tous les jours avant de dîner). À cette époque, je ne faisais pas confiance à la vie, j'étais totalement désemparé et m'efforçais de me réfugier dans la piété sans en être satisfait. Mais j'étais si jeune – dix ans – que même si je n'avais pas la foi, je persévérais. J'étais persuadé d'être en état de péché mortel, c'était pour moi insupportable. Les heures d'attente jusqu'au soir m'ont paru interminables, j'avais l'impression que Dieu allait m'anéantir d'un moment à l'autre. J'aurais trouvé parfaitement logique d'être foudroyé sur-le-champ, poussé par une force invisible dans un escalier, ou englouti dans la terre avec l'école tout entière.

Lorsque je suis enfin entré dans l'église, j'ai remercié Dieu d'être encore vivant et mon angoisse s'est apaisée à la vue du confessionnal. Je me suis précipité dans sa direction et me suis agenouillé le temps d'un bref examen de conscience, même si je n'ai pas réussi à me concentrer. J'ai fini par me rapprocher de la partie frontale du confessionnal et j'ai soulevé légèrement le rideau qui masquait le prêtre pour introduire ma tête. J'imaginais qu'il allait me prendre par les épaules pour mieux m'entendre et me susurrer les paroles habituelles, tous deux enlacés et cachés par le rideau, mais cela ne s'est pas passé ainsi. Lorsque je me suis retrouvé devant lui, il a allumé et… comment décrire cela ? Père José, mon directeur de conscience, était là, tout sourire, habillé en femme, portant une robe en velours rouge des années 1940 et une perruque blonde. Le maquillage accentuait sa pâleur naturelle et colorait ses joues en rose ; ses lèvres étaient rouge foncé. J'ai poussé un cri malgré moi.

— N'aie pas peur, m'a-t-il dit, mielleux.

— C'est que je ne m'attendais pas à vous voir ainsi, mon père.

J'avais la tête qui tournait. Le plus naturellement du monde, comme s'il ne percevait pas ma terrible agitation, il m'a demandé :

— Ça te plaît ?

J'étais incapable d'articuler un mot. En bon pédagogue, il a alors tâché de m'expliquer :

— La beauté est un don divin, et la cultiver, c'est cultiver Dieu. Cette tenue m'embellit, n'est-ce pas ? La signification de notre mission ne dépend pas de nos vêtements. L'habit ne fait pas le moine. L'essence du prêtre est quelque chose d'intime, d'abstrait, qui n'a rien à voir avec les accessoires matériels. Si j'ai revêtu cette robe, c'est d'une part parce que cela m'amuse et d'autre part pour éveiller ton esprit, pour que tu sois plus compréhensif quand tu juges le comportement d'autrui. Tu saisis ?

— Oui, mon père.

J'étais de plus en plus perdu.

— Ce que je suis en train de faire, c'est un acte d'amour envers mon prochain, un acte de charité. Je t'offre de la beauté. Ce n'est pas important, la beauté ?

— Si, mon père.

— Je te l'offre à toi, et à moi, et cela nous donne du plaisir à tous les deux. Je ne dis pas que je vais toujours m'habiller de cette manière, même si aucune loi ne l'interdit. Mais puisque les membres de ma congrégation portent traditionnellement des soutanes noires, je respecterai le choix de notre fondateur. Tu dois comprendre que dans la vie il y a des moments très divers, et parfois c'est agréable de s'habiller différemment. Bien. Maintenant nous pouvons commencer la confession. Je vais mettre mon étole.

Il a prononcé les premières phrases habituelles. Mais après avoir dit “j’ai péché”, ma confusion était telle que j’étais bloqué.

— Eh bien, dis-moi, quel péché as-tu commis ?

— Je… ne sais pas comment vous le dire. Il m’est arrivé quelque chose d’horrible et je crois, je n’en suis pas sûr, que je me suis laissé entraîner par la tentation, même si sur le moment j’ai éprouvé de la répugnance.

Dans un état de grande nervosité, je lui ai raconté ce qu’il s’était passé pendant le pique-nique.

— La différence entre les animaux et nous, cher Luis, c’est que nous pouvons succomber à la tentation, nous pouvons pécher, car nous sommes en mesure de choisir.

— Que voulez-vous dire ? Je ne comprends pas.

— Ce qu’a fait père Ceferino est compréhensible et humain, m’a-t-il expliqué avec un doux sourire.

— Peut-être, mais ça me fait peur. Cette nuit j’ai très mal dormi, j’ai fait plein de cauchemars, tout le monde essayait de m’attraper. Et l’idée de l’enfer… que s’il m’arrivait quelque chose je n’étais pas en paix avec Dieu… Car c’est un grave péché, n’est-ce pas ?

— Mon fils, les actes humains ne possèdent pas de valeur absolue, ils dépendent de tant de choses ! Ce que tu as vécu est peut-être un péché, ou pas.

— Mais… et le sixième commandement ?

— Les commandements sont faits pour ceux qui auraient l’intention de pécher. Beaucoup de gens ont besoin de pécher pour se sentir importants.

De la même manière que nous avons choisi de consacrer notre existence à Dieu, certains, au contraire, font tout pour que la leur soit une injure permanente envers Celui qui nous a créés. Dieu, en bon père, veille sur les uns et les autres, et nous sommes tous ses enfants. Si nous avons un chemin pour l'adorer, certains en ont un pour l'offenser. Mais quand on n'a pas l'intention d'outrager Dieu par ses actes, le péché n'existe pas, car nos actes ont une finalité différente. Au cours de ce pique-nique, père Ceferino a voulu te montrer que ton corps l'attirait, et tu devrais en être flatté. Cela n'a rien à voir avec le sixième commandement.

— Je ne comprends pas ce que vous me dites, ai-je balbutié.

— Tu es trop jeune, mais pour cette même raison nous devons tâcher de t'inculquer le véritable sens de la vie. Tes parents nous ont chargés de ton éducation et nous nous y employons. Grâce à l'éducation, vous découvrez la signification des choses, et toute découverte est toujours déconcertante. Je comprends que tu trouves ça difficile, mais notre devoir est de vous familiariser avec les vraies valeurs de notre existence.

Mon directeur de conscience ne m'a pas rassuré comme je l'escomptais, au contraire : il m'a précipité dans un abîme encore plus insondable. Je me sentais complètement seul, incapable de lutter contre les cauchemars qui, à la suite de tout cela, ne cessaient plus de me hanter. Je ne pouvais parler à personne de ce qu'il s'était passé, tout s'était retourné contre moi. Les élèves comme les professeurs virevoltaient le plus naturellement du monde dans cet enfer, rien ne les dérangeait et leur calme était pour moi une menace… »

— Ici s'achève l'un des chapitres consacrés à l'école. Qu'en avez-vous pensé ? demande Paula, impassible.

Le prêtre était tellement furieux qu'il n'arrivait pas à parler.

— Vous n'êtes pas content qu'un élève immortalise l'établissement et ses subtiles méthodes de déformation, comme le fait Luis ?

Le père directeur tente de puiser du courage dans la haine que lui inspire la fille. Il feint de ne pas avoir peur d'elle.

— Où veux-tu en venir ?

— Je n'ai rien à voir avec ça. Je suis la porte-parole de mon frère, votre cher Luis.

— Tais-toi, tu me dégoûtes !

— Ne m'insultez pas, salaud !

— Tu as reconnu toi-même que tu étais une prostituée. Que peut-on dire d'une femme qui fait du péché son métier, son unique raison ?

— Et comment appelle-t-on la corruption en vigueur dans cette école sous votre direction ? Je me donne à des hommes qui me désirent, qui viennent à moi volontairement. Quelles armes possédait Luis, à dix ans, pour se défendre contre vous ? Vous avez non seulement violé son corps, mais aussi déformé son esprit, semant en lui le chaos et la peur. Et tout cela au nom de Dieu.

— Tais-toi ! Je crois que Luis n'a pas écrit une seule ligne de cette immondice !

— Le ministre de Dieu a perdu son calme, commente Paula, railleuse et folle de rage. Comment est-ce possible ? Puisque mes insultes sont si vulgaires, que vous êtes tellement au-dessus de tout et moi en bas de l'échelle ? – elle marque une légère pause pour reprendre avec plus de colère encore. Luis est mort en vous maudissant, et je suis venue ici pour le venger ! Il n'a pas eu le temps de le faire lui-même.

Le prêtre la regarde, horrifié.

— Moi, vous ne me convaincrez pas comme mes parents que le sentiment que vous éprouviez pour lui était si pur. « Je l'aime comme si c'était mon fils », répète-t-elle en imitant le curé, avant de rire nerveusement. Ordure ! Et mes parents, si heureux que le directeur de l'école prenne tellement à cœur l'éducation de leur fils... Pauvre Luis ! Comme je n'étais qu'une enfant il ne pouvait pas se confier à moi. Imaginez dans quel état il se trouvait quand il est sorti d'ici ! Il croyait qu'il était fou. Les fantômes qui le tourmentaient sont pétrifiés dans ce livre, saisis à l'instant ultime, alors qu'il s'était enfin libéré d'eux. Et je vous les ai rapportés, à vous et à vos collègues, pour qu'ils retournent à l'endroit d'où ils sont sortis et que vous puissiez admirer votre œuvre.

— Tu es folle ! gémit le prêtre aux abois. Tu es venue pour m'outrager ! Je ne crois pas que Luis ait écrit cela, ni que tu sois sa sœur, ni qu'il soit mort, pleurniche-t-il.

Soudain, Paula change de ton comme si de rien n'était et se calme tout à fait ; d'une manière ou d'une autre, elle continue de dominer la situation.

— Je vais vous lire autre chose. Ses années dans cette école ont beaucoup inspiré Luis. Dans ce texte, il est question de vous.

Le père directeur veut protester, mais il est pris au piège. Il ne peut plus mettre Paula dehors, ni l'empêcher de lire. Il n'a aucune arme contre elle. Par ailleurs, il veut savoir ce qu'il est devenu pour Luis, cet élève qu'il a sincèrement aimé, malgré ce qu'il a pu écrire sur lui.

Paula se remet à lire.

« … Les préparatifs de la fête en l'honneur du père directeur débutaient presque deux mois auparavant. C'était un *tour de force*[1] pour tous les élèves et les professeurs, et nous donnions le meilleur de nous-mêmes. Je devais mettre un peu de côté mes études car j'intervenais à plusieurs reprises lors de cette célébration. Il y avait différents jeux et la messe, pierre angulaire de toute fête religieuse, était la plus somptueuse et la plus longue de l'année. J'étais le soliste du chœur. Il y avait également du théâtre, des récitals de poésie, du sport, etc. Un des principaux

1. En français dans le texte. (*Note de la traductrice.*)

motifs de joie des élèves était le repas spécial qu'on nous servait ce jour-là : avec la finale du tournoi de sport, c'était vraiment l'événement le plus joyeux, au cours duquel la fête atteignait son apogée. Pour ma part, je n'avais pas la chance d'en profiter pleinement car je devais manger rapidement pour me rendre aussitôt au réfectoire des prêtres, distinct du nôtre. Pour les élèves, le fait de pénétrer dans le réfectoire représentait un privilège, et plus encore pour moi qui allais être une des vedettes de la soirée.

Lorsque je suis entré, j'ai eu du mal à croire ce que je voyais. Un tableau dominait la salle, une huile sur toile représentant le Christ avec une couronne d'épines. Malgré le thème exclusivement religieux, son traitement m'a surpris. On voyait le Christ en buste, de trois quarts, la tête légèrement dressée et les épaules saillantes. Il avait la bouche ouverte, comme dans les célèbres portraits de la Marilyn de Warhol, avec une expression mêlant plaisir et douleur. La couronne d'épines était enfoncée dans sa chair, descendant jusqu'aux épaules, et ses bras étaient liés à son torse. Ses épaules ressortaient au niveau de la couronne d'épines, celle-ci faisant couler de sa chair de fins filets de sang, comme des franges.

La table était longue et les religieux étaient répartis comme les apôtres de la Sainte Cène. Autre particularité qui m'a stupéfié davantage encore : les prêtres s'étaient travestis et portaient d'éblouissantes robes de soirée. L'un d'eux était habillé selon la mode des années 1920, *flapper style*, un autre était tout de noir vêtu à la Juliette Gréco, existentialiste ;

il y en avait un aussi dans une robe flamenco à traîne avec accroche-cœurs sur les tempes, un autre en Cléopâtre, un autre encore en *showgirl* avec plumes et bikini à paillettes, etc. Le réfectoire ressemblait à une véritable salle des fêtes, un grand bal masqué. J'étais pétrifié par leur joie : ce n'était pas seulement l'apparence des prêtres qui avait changé, ils se comportaient de façon méconnaissable. Je n'aurais jamais imaginé que les mêmes hommes qui nous traitaient avec une sévérité sadique puissent, dans d'autres circonstances, se montrer gais et turbulents. Je suis resté muet, fasciné par ce déploiement insolite de luxe et de frivolité.

La vérité, c'est qu'ils étaient beaucoup plus beaux et amusants que dans leur soutane noire, mais ces changements radicaux d'attitude troublaient mon esprit, déjà faible et fragile. Ils manifestaient à mon égard la même joie que les amies de ma sœur aînée quand elles allaient à une soirée et finissaient de se préparer chez nous, sous mes yeux fascinés. L'un d'eux est même venu m'embrasser, imprimant ses lèvres rouges sur ma joue. Je ne m'en suis rendu compte que beaucoup plus tard, rempli de honte.

Avant ma prestation, j'ai reçu du nougat, des bonbons et autres friandises. Je me sentais complètement perdu, incapable de réagir, me reprochant intérieurement mon manque de naturel : non seulement les prêtres comprenaient ma gaucherie, mais ils s'en amusaient, ce qui me mettait en grande difficulté.

Le moment-clé est arrivé. Un silence total a envahi la salle et un des prêtres s'est levé ; comme tous, il avait les yeux brillants sous l'effet de la joie et de l'alcool. Il a prononcé les paroles d'usage lors de tout discours :

— Je serai bref, car ce que nous allons entendre sera beaucoup plus intéressant que tout ce que je pourrais dire. Au nom de tous, a-t-il continué en regardant le père directeur, et en mon nom, je voudrais rendre hommage à celui qui, avec l'aide de Dieu, dirige cette école avec tant de sagesse. Puisse cette modeste soirée lui témoigner notre loyauté et notre dévouement. En son honneur, l'adorable Luis va nous régaler avec un répertoire de chansons, choisies parmi celles que nous savons être les préférées de notre cher directeur.

Je me suis avancé au centre de la salle, bouleversé par l'ambiance chaleureuse. Avant de commencer, j'ai présenté la première chanson :

— Comme nous savons que le père directeur aime la chanson populaire italienne "Torna a Sorrento", je vais interpréter une version de celle-ci avec des paroles écrites spécialement pour lui par père Venancio.

Le père directeur m'a regardé avec émotion.

Et c'est ainsi que "Torna a Sorrento" est devenu "Jardinero" :

Jardinier, jardinier,
nuit et jour parmi tes fleurs,
embrasant leurs couleurs

dans la flamme de ton amour.
Tu verses dans chaque calice
la caresse de ton désir,
les yeux au ciel,
où réside ton espoir.
Et tes fleurs, jardinier,
aux corolles incendiées,
s'unissant reconnaissantes
t'embaument de leur odeur.
Poursuis ton labeur
et cultive les fleurs
que le Seigneur a confiées
à tes amours.

Le lendemain, le père directeur m'a convoqué dans son bureau pour me féliciter et m'annoncer qu'il s'absentait quelques jours. Il m'a demandé la permission de m'embrasser pour me dire au revoir. En guise de réponse, j'ai haussé les épaules. Alors il s'est approché de moi et m'a étreint avec force ; je tremblais, et cette scène me dégoûtait même si la silhouette morbide sous sa soutane me troublait également. Il a commencé par m'embrasser sur la joue, mais immédiatement, et avec une grande tension, il a glissé vers ma bouche. J'avais l'impression qu'il ne s'arrêterait jamais. Je me sentais comme une marionnette entre ses mains... »

Paula s'interrompt. Un silence tendu règne dans la pièce. Le prêtre ne sait pas quoi dire, peut-être parce qu'il a revécu la scène pas à pas à travers les mots de Luis, ou voudrait récuser ces accusations. Mais il ignore comment. Le deuxième texte l'a achevé. Sur son bureau, à côté de feuilles et de stylos, il y a un coupe-papier. Pris d'une impulsion, le prêtre se jette sur Paula et lui plante le coupe-papier dans la poitrine. La jeune fille s'écroule par terre. Le sang s'étend dans le haut de sa jolie robe. La fureur du religieux retombe aussitôt devant cette image. Des papiers que Paula avait dans les mains sont tombés avec elle. Le souvenir de Luis l'accompagne à terre, à travers les pages qu'elle vient de lire.

— Mon Dieu, qu'ai-je fait ? s'exclame le prêtre pris de panique.

— Je vous hais, balbutie Paula avec une voix d'homme.

Le père directeur tente de la déshabiller pour soigner sa blessure, si c'est encore possible. Il n'ose pas demander de l'aide, mais ne peut pas non plus laisser la jeune fille se vider de son sang sans agir. Il finit par se décider et appelle le père concierge. En attendant que ce dernier arrive, il déboutonne le haut de sa robe. Le coupe-papier s'est enfoncé avec précision dans sa poitrine. Après un dernier « je vous hais », Paula ne bouge plus du tout. Le prêtre arrache son soutien-gorge pour écouter son cœur et découvre alors que le sous-vêtement, trempé de sang, est complètement rembourré. La poitrine de Paula est celle d'un jeune homme. Le père directeur comprend enfin, hagard, la signification de cette visite.

— Oh ! Luis !

Il se met à pleurer bruyamment sur le cadavre.

— Luis, Luis ! Je l'ai tué…

Il essaie d'ôter son maquillage avec le rembourrage du soutien-gorge, mais ne réussit qu'à lui barbouiller le visage de sang. Il lui enlève sa perruque et ses boucles d'oreilles. L'ex-Paula a piètre allure à présent, mais le prêtre voit à travers le sang et le maquillage. Comme une étrange Pietà, il tient Luis dans ses bras, sans pouvoir saisir son corps tout entier comme il le voudrait, l'embrassant encore et encore, répétant son nom à la folie.

Et c'est cette scène que découvre le père concierge, sidéré, quand il surgit dans le bureau.

Trop de changements de genre

Le second Tramway

J'ai passé la nuit à l'hôpital, avec une sonde reliant mon pénis à un sac de drainage qui recueillait mon urine couleur vin rouge après l'ablation d'un calcul rénal. León a insisté pour m'accompagner. Je lui ai demandé de ne pas venir (je lui étais reconnaissant évidemment), car sa présence dans ce lieu allait détonner. Le personnel de l'hôpital savait qui il était, à cause du cinéma plus que du théâtre, et il n'allait pas passer inaperçu. Mais il était hors de question pour León de laisser passer l'occasion de me prouver sa générosité légèrement surjouée, comme tout ce qu'il faisait avec un plaisir excessif, à l'exception de son métier. Quand il jouait, c'était le seul moment où il ne surjouait pas.

« C'est une situation qu'il faut savoir vivre », a-t-il dit pour commenter le fait de passer la nuit à l'hôpital. Je suppose qu'il se référait davantage à son expérience d'acteur que d'être humain. León était un acteur en permanence. Ce qu'il a fait de pire et de mieux dans sa vie a été lié à l'interprétation : les personnages qu'il brûlait d'incarner, les œuvres qu'il désirait pour lui, même s'il fallait remanier la version originale jusqu'à la dénaturer. Les mélanges impossibles de sujets, un esprit sauvagement postmoderne, irrespectueux et violent, afin de dépasser ses propres limites en tant qu'acteur et s'approprier des personnages et des auteurs représentant parfois un défi surnaturel. Son caractère transgressif était un cocktail d'orgueil, d'anticonformisme et de manque de respect à l'égard des autres jusqu'à devenir une règle de vie. Cela faisait de lui un personnage fascinant et redoutable pour un réalisateur comme moi, qui étais par ailleurs son amant.

Un amant servile, passionné, qui avait vécu les premières années de nos carrières comme un miracle, car lorsque León était bon (et ce fut le cas très souvent), l'expérience était indescriptible. Et il était toujours aussi fascinant et irrésistible, vingt-cinq ans après et avec vingt-cinq kilos en plus, lors de notre reprise d'*Un tramway nommé Désir*. J'avais essayé de lui expliquer que, malgré tout l'intérêt qu'il portait au personnage de Blanche DuBois, il ne pouvait pas l'incarner sur scène, pour des raisons de physique et de genre.

— Qu'est-ce que tu racontes ? a rétorqué León. Depuis quand on tient compte du genre ? Il s'appellera Blanc DuBois, je perdrai un peu de poids et je me ferai cette brute de Kowalski. Si Tennessee sortait de sa tombe, il serait ravi de voir enfin un mec se taper Kowalski, c'est beaucoup plus humiliant pour le personnage que de coucher avec la fragile Blanche. J'ai toujours pensé que Kowalski finirait avec un mec pendant une de ses cuites.

Dans cette version, Blanc serait le frère adoré de Stella, pour qui elle a un faible et de la compassion. Il débarque par surprise, dans un sale état, après un long séjour en prison. Blanc était un brillant professeur de mathématiques dans un collège, jusqu'au jour où il a été condamné pour un délit très mal vu, y compris parmi les délinquants. Stella le sait, mais elle n'en adore pas moins son frère, qui est par ailleurs au bord de l'indigence. Cependant, malgré leur tentative pour dissimuler cela à Kowalski, ce dernier a fini par découvrir que Blanc a abusé sexuellement d'un enfant, ce qui l'a conduit derrière les barreaux.

Contre toute attente, et après avoir essayé de le convaincre qu'on risquait d'être *borderline*, au mieux, quand ce ne serait pas grotesque, je me suis mis au travail et j'ai adapté la pièce de T. Williams pour qu'un León de quatre-vingt-dix kilos et de quarante-cinq ans puisse interpréter Blanche DuBois sans tomber dans le travestissement. Un défi pour tous les deux.

La présence de Blanc s'est révélée aussi troublante, peut-être davantage, que celle de Blanche. León a en effet perdu du poids, car le personnage, malade, sortait de prison, et grâce à sa silhouette amincie il a retrouvé une partie de son attirance. L'expérience de la prison l'avait rendu plus dur, physiquement il irradiait une séduction aussi animale que celle de

Kowalski mais plus sombre ; son ambition était de foutre dehors ce mâle transpirant et toute sa bande de potes pour rester seul avec sa sœur Stella et s'occuper de son bébé.

Et León a triomphé à nouveau, sous ma direction et avec un texte que je n'aurais jamais cru possible d'écrire. León a été provocant, brillant, surprenant et fascinant comme il l'avait été au début de sa carrière dans notre premier spectacle ensemble, *Édouard II*, de Marlowe : à vingt ans, un León inconnu, dégageant autant de tendresse que de malice, s'était montré tellement magnétique dans le rôle du mignon qu'il avait rendu fou le roi, mais aussi tous les spectateurs du théâtre et moi-même, qui ai partagé avec lui le bonheur du succès et le plaisir qui nous dévorait toutes les nuits après la pièce. Puis il y a eu le premier *Tramway*, où il interprétait Kowalski.

Pour ceux qui connaissaient León depuis ses débuts, le second *Tramway* fut un spectacle méta-théâtral dans lequel on assistait à un dialogue entre le León qu'il avait été vingt-cinq ans plus tôt et le délirant León-Blanc-Blanche qu'il était devenu, aussi vigoureux que Kowalski le Polonais, aussi arrogant, mais plus intelligent, avec ce mélange de féminité fatale et de virilité qui désarmait tout le monde autour de lui. J'ignore si tout cela était très Tennessee Williams, je crains que non. Le lyrisme qu'apportait une Blanche femme, flétrie et folle, avait disparu, mais le drame familial s'intensifiait pour aboutir à une pièce plus dure, plus sinistre, plus contemporaine, avec une ambiance à la Jean

Genet. Genet était un parfum dont nous enveloppions parfois ce que nous faisions.

León exultait. On savoure plus intensément les derniers succès. Les premiers, on n'a pas le temps, et on ignore combien on aura du mal à les revivre.

Le second *Tramway* m'avait épuisé. Ça avait marché, mais comme metteur en scène et auteur je forçais la dose, je ne pensais plus pouvoir suivre le rythme que León exigeait. Ses extravagances après vingt-cinq ans d'excès pouvaient paraître pathétiques et grotesques, et je ne savais pas quoi faire pour les empêcher. J'avais perdu ce talent, ce pouvoir. J'avais aussi perdu le goût de dénaturer des textes pour les faire correspondre à l'acteur que j'aimais et admirais. Je suppose que, n'étant plus fou amoureux de León, je n'avais plus le talent d'écrire pour lui ni de le diriger.

Quelques mois après la pièce, j'ai compris que notre histoire se terminait, mais j'ignorais quand j'aurais l'énergie de partir. Avant de renverser une dictature ou que le tyran meure dans son lit, le peuple assujetti passe des années à attendre sa mort, le champagne au frais. Des années à intérioriser le changement et à se préparer en silence à son arrivée. C'est ainsi que je me sentais. Il fallait que je quitte León.

Tu me demandes vraiment si je vais bien ?!

Quelques années après le premier *Tramway*, nous avons vu à la télévision *L'amore*, un court-métrage de trente minutes réalisé par Rossellini. C'était une adaptation cinématographique de *La Voix humaine*, de Jean Cocteau, interprété par Anna Magnani. La première fois que j'avais vu le film, adolescent, j'étais devenu fou. León avait seulement lu la pièce, mais quand il l'a vue incarnée par Magnani il s'est rappelé qu'il avait toujours eu un faible pour cette œuvre.

Elle m'a moins enthousiasmé cette deuxième fois, et ça m'a étonné. Magnani était toujours aussi débordante de talent et de fragilité (c'était une actrice qu'on caractérisait plutôt par sa force), impossible de ne pas être ému par elle. Mais l'œuvre, filmée avec une excessive économie de moyens, n'avait pas surmonté l'épreuve du temps. Le texte de Cocteau, écrit soixante ans plus tôt, était daté. Ça arrive parfois aux grands écrivains. Il n'existait plus de femmes aussi soumises que celle interprétée par Magnani, aucune n'aurait pu s'identifier à elle. Je l'ai fait remarquer à León, mais il ne m'a pas prêté attention. Il était bouleversé et réfléchissait.

— Que pourrait-on faire avec cette pièce ?

— Rien, il n'y a rien à faire, ai-je répondu.

— Lorsque je l'ai lue, j'ai senti une connexion spéciale et maintenant que je l'ai vue c'est encore plus fort. Et quand je sens ce genre de choses, ça signifie que je dois agir, a ajouté León. Je reconnais très bien cette sensation. Je vis pour l'éprouver.

— La conversation téléphonique pourrait avoir lieu entre deux hommes, les hommes aussi souffrent quand on les quitte, ai-je réagi. Il faudrait l'adapter, bien sûr, mais tu pourrais jouer ce monologue, si c'est à ça que tu penses. Le problème, c'est qu'on aurait besoin d'au moins deux monologues en plus pour arriver à un film d'une heure et demie, ai-je précisé pour dire quelque chose de cohérent. Ou tu pensais à un court ?

— Un court ? Non. Un long-métrage. Tu n'as pas d'autre idée ?

— Pour parvenir à quatre-vingt-dix minutes, il faudrait inventer une heure de texte en plus. Ça me paraît excessif.

— C'est une question d'écriture, mais il nous manque une idée… au-delà de Cocteau.

— Il nous manque beaucoup plus que ça, ai-je insisté. Il ne s'agit pas de remplir, mais de créer. Si le monologue constitue la dernière partie du film, on va devoir inventer la première heure, avant le coup de fil. On pourrait commencer, par exemple, quarante-huit heures avant. Montrer l'univers du héros au cours de ces heures désespérantes. Ce qu'il a fait pendant ces deux jours avant l'appel.

— Deux jours entiers à attendre que l'autre vienne chercher ses affaires… ça fait un paquet d'heures. Il devait être dans un sacré état de nervosité, a commenté León.

Ce genre de dialogue préalable représente, en général, l'esprit et la dynamique de notre façon de travailler. L'écriture, je m'en charge seul ensuite.

Nous avons improvisé. Plus exactement, j'ai improvisé :

— Pendant ces deux jours, le héros ne peut pas rester chez lui. Il sort, cherche en vain son ex-amant, mais commence à découvrir des choses qu'il ignorait. Par exemple qu'il y a eu une femme dans sa vie, avec qui il s'est marié et a eu un enfant.

— Oui, je ne veux pas que ce soit une histoire de pédés. L'amant est bi. Je serai la seule relation longue qu'il a eue avec un mec, une parenthèse dans sa vie sexuelle.

— Tu es vraiment ringard, León ! Tu en es encore à t'inquiéter que ce soit une histoire de pédés ?

— Deux hommes peuvent s'aimer sans être gay. Ce qui m'intéresse, ce sont les passions entre les gens. La sexualité ou le genre, je m'en fous.

— Je vois.

— S'il sort et rencontre de nouveaux personnages, je préfère que ce soient des femmes. L'amant est bi. Tu dois dramatiser le fait qu'il soit bi, personne ne l'a fait jusqu'à présent. La bisexualité a été totalement ignorée par la révolution sexuelle. Que l'ex-amant soit bisexuel crée une double frustration chez mon personnage. Il a le pire de l'amant homme et de l'amante femme, et ça génère uniquement de l'insécurité dans son couple car il est conscient qu'il n'arrivera jamais à satisfaire tous ses fantasmes…

Je n'ai pas tenu compte de son analyse de la bisexualité, mais je n'ai rien dit. La machine s'était mise en marche.

— Si on veut faire entrer d'autres personnages, ouvrons la porte de l'appartement du héros, ai-je proposé

— Comment ?

— En le mettant en location. Il ne supporte plus de vivre dans ce nid d'amour. Tout lui rappelle l'absent, il a envie de foutre le feu. Il peut ainsi rencontrer les personnages les plus éclectiques. Et même le fils de l'amant, qui se pointe avec sa copine pour louer l'appartement. Ainsi que son ex-femme. Et aussi une collègue de boulot qui débarque pour se cacher de la police parce que… parce qu'elle a couché avec un terroriste… Ce serait drôle.

— Une comédie chorale ? Je ne suis pas sûr d'aimer l'idée que les autres personnages soient comiques.

— Ton personnage s'investit dans leurs problèmes et y trouve son salut.

— Je n'ai jamais joué de personnage gentil. Je ne crois pas que ça me conviendrait.

— Pas gentil, hystérique. Pense à Cary Grant ou à Jack Lemmon. Il aide les autres par pure hystérie, pour ne pas devoir s'arrêter.

— Tu oublies la conversation téléphonique.

— C'est vrai. Elle n'est plus nécessaire, ai-je répondu, surpris par cette découverte.

— Mais, et Cocteau ?

— On n'a plus besoin de lui, par ailleurs il faudrait payer des droits. Il reste le plus important, une femme…

— Un homme, putain !

— Un homme, qui n'est pas gay, mais qui éprouve une folle passion pour un autre, qui n'est pas gay non plus. Ce qui ne les empêche pas de vivre ensemble pendant des années. Comme Cary Grant et Randolph Scott dans la fameuse « maison des célibataires » qu'ils partageaient, où ils se réveillaient et couchaient ensemble, même si Hollywood a décrété qu'ils n'étaient pas gay.

— Tu t'égares.

— Il reste le point essentiel de Cocteau : un homme qui attend que son amant vienne chercher ses valises. Et un chien qui partage avec lui le deuil de la séparation. Avec ça et les visites qu'il reçoit pour la location de l'appartement, j'ai assez pour écrire une comédie de mœurs.

— N'oublie pas la douleur et la solitude, c'est ma partie.

— Non, non. Ce sera une comédie dramatique. Je m'y mets.

Et je m'y suis mis. Trois mois plus tard, j'avais une première version de *Tu me demandes vraiment si je vais bien ?!* On a eu du mal à trouver de l'argent pour le produire. Je débutais, León aussi. On avait beau avoir un certain succès au théâtre, personne ne garantissait que ce serait pareil au cinéma. Par ailleurs, qu'on souhaite faire une comédie légère éveillait des soupçons. On nous connaissait pour le contraire.

Le tournage de *Tu me demandes vraiment… ?!* s'est bien passé, à l'exception de la jalousie violente de León à l'égard du reste de la distribution. Deux jeunes actrices ont révélé un génie comique explosif à l'écran, qui le rendait fou car elles lui volaient son film. Pure jalousie. Il disait qu'il ne referait plus jamais de comédie chorale. Il n'était pas drôle, mais n'avait pas besoin de l'être : toutes les intrigues convergeaient vers lui et ce qui était drôle, c'était sa façon de les affronter avec naturel et désinvolture ; là résidait le comique de son personnage, dans ces situations délirantes qui ne lui laissaient pas le temps de penser à sa séparation. J'étais heureux, même si le soir j'étais obligé de supporter ses plaintes absurdes.

Une fois le montage achevé, il restait uniquement la création de la musique, mais nous n'avions pas d'argent pour rémunérer un musicien original et nous ne pouvions pas payer les droits des chansons et musiques qui nous plaisaient. Pour León, c'était un problème mineur, et j'ai dû être très ferme avec lui : au cinéma, les droits des compositeurs de musique sont sacrés. Si on n'est pas réglo, le film peut être retiré de l'affiche. Point barre. León avait du mal à comprendre, mais il savait que je parlais sérieusement.

Demeurait une piste qui valait la peine d'être explorée : les pays de l'Est, communistes, n'exigeaient pas de droits d'auteur quand un film sortait en premier chez eux. Et les réalisateurs qui utilisaient les musiques de ces pays n'étaient pas obligés de payer des droits d'auteur musicaux ou éditoriaux. J'ai donc commencé à chercher des thèmes pour le film sur des disques enregistrés en terre socialiste. Et j'ai trouvé de vrais bijoux, un tango de Stravinsky, Chostakovitch, du filin cubain, Bola de Nieve, Béla Bartók, interprétés par de fabuleux orchestres nationaux. J'ai des goûts très éclectiques, et le mélange de tous ces artistes a donné à la narration une structure solide et légère à la fois.

Le film est sorti et je dois reconnaître que le succès a été fulgurant. Personne n'aurait pu croire que l'acteur principal s'était si mal entendu avec ses camarades de casting pendant tout le tournage. L'originalité, le rythme et un scénario très enlevé ont fait l'unanimité.

Malgré ce triomphe, León a décidé qu'il ne ferait plus jamais de comédies chorales.

« S'ils pouvaient tous être comme celui-là ! Si tous nos films futurs étaient vus par trois millions de spectateurs en Espagne et distribués dans vingt pays ! Où est le problème ? » lui disais-je. Le problème était que León n'était pas l'acteur qui crevait le plus l'écran. Il était bien, mais être bien était une insulte pour lui. J'avais voulu l'entourer d'actrices pour fuir le côté queer. Résultat : les actrices l'ont bouffé.

León a juré qu'il ne referait plus de cinéma.

Le Tramway et la nuit

Des années plus tard, nous sommes allés à la Filmothèque voir *Opening Night*, un film de John Cassavetes alors inédit en Espagne.

León a décidé de m'accompagner, ce qui m'a étonné, il n'aimait pas Cassavetes. Moi je l'adorais. C'était le réalisateur indépendant américain qui m'avait le plus influencé, même si León n'arrivait toujours pas à voir en quel sens. *Une femme sous influence*, *Faces*, *Shadows* l'ennuyaient terriblement. Il préférait Hollywood et ses artifices.

Le rôle principal d'*Opening Night* était joué par Gena Rowlands, magnifiquement accompagnée par Ben Gazzara, acteur dur dont le regard semblait toujours goguenard. Peu à peu, l'homme qu'interprétait Gazzara dans le film s'imposait comme le personnage de metteur en scène (de cinéma ou de théâtre) avec lequel je m'identifiais le plus. Le film raconte l'histoire d'une troupe de théâtre qui fait des avant-premières dans différents États des États-Unis avant sa première new-yorkaise, composant avec son actrice principale qui, en plus d'être alcoolique, est en train de devenir timbrée. Le film a été une révélation pour León et pour moi, et cet enthousiasme, le fait de vibrer à l'unisson, nous a réunis à nouveau.

Nous sommes sortis du cinéma en criant au génie avec force gestes des mains, comme si nous étions dans un film de Woody Allen. Quand un film vous prend de cette manière et que la personne qui vous accompagne est encore plus enthousiaste que vous, c'est indescriptible.

Avant de rentrer à la maison, León a très bien résumé la trace qu'il avait laissée en nous :

— C'est le moment de faire notre deuxième film.

— Tu n'avais pas dit que tu ne voulais plus faire de cinéma ?

— Je n'avais pas vu *Opening Night*.

Je l'ai regardé avec stupeur. Je reconnaissais bien le ton avec lequel il m'avait répondu, son inébranlable détermination.

Les jours suivants, León n'a pas arrêté de prendre des notes. Nous avons assisté à toutes les séances programmées par la Filmothèque pour bien apprendre le film. (Ensuite on a eu le DVD, mais quand León s'inspire d'une œuvre et décide de foncer, il ne tourne pas autour du pot : il la digère, se l'approprie, oublie son origine, et me transmet son enthousiasme pour que je mette tout cela en forme et en mots.)

Tel était son plan. Nous réaliserions un film sur une troupe de théâtre en tournée en province avec *Un tramway nommé Désir*, seconde version, avec Blanc DuBois comme protagoniste.

— Encore le *Tramway* ? ai-je fait remarquer. On l'a déjà fait deux fois au théâtre.

— Peu importe ce que joue la troupe. L'important, c'est l'enfer vécu par l'acteur qui interprète Blanc, c'est-à-dire moi, avec la pièce et les autres comédiens.

— Tu veux être Myrtle ? Gena Rowlands ?

— Je sais ce que c'est que boire, ne pas s'entendre avec un metteur en scène ou un auteur, tu pourras mettre là-dedans tout ce que tu détestes en moi et que tu n'as jamais osé écrire ; je me taperai l'acteur qui fera Kowalski (qui doit être interprété par un acteur jeune, musclé et arriviste, qui ne soit pas gay), et la folie de Myrtle me parle beaucoup. Je suis une star, comme elle, je connais le harcèlement des fans et les autographes à la sortie des artistes d'un théâtre, un soir de pluie où on n'en peut plus. J'ai tout, et je t'ai, toi, pour écrire le scénario et me diriger. C'est un personnage à l'automne de sa vie, Myrtle a des problèmes avec son âge. Je ne suis plus un enfant. Je dois choisir des rôles qui correspondent à mon âge...

— On devrait peut-être d'abord demander les droits ? Gena Rowlands est encore en vie...

— Présentons le film comme un hommage qu'on lui rend. On le précisera dans le générique de fin.

— C'est le prétexte que brandissent tous les plagiaires et imitateurs.

— Tu feras en sorte que ce ne soit pas le cas avec nous. Nous sommes différents. Je ne suis pas Gena Rowlands, mais je sais ce qu'est une tournée et avoir des relations à chier avec la troupe, et toi aussi tu le sais... L'univers d'*Opening Night* est le nôtre.

— Mais ils pourraient faire une tournée avec une autre pièce...

— Non. Notre version du second *Tramway* est parfaite. Le personnage de Blanc DuBois correspond très bien à celui de Myrtle (on l'appellera Myrte), ils sont complémentaires. L'important, c'est la crise que vit un acteur qui commence à se sentir âgé, impose une version quasi impossible du *Tramway* (rappelle-toi tes difficultés pour l'adapter à ma mesure, pourtant ça marche, on en a fait l'expérience, toutes tes anciennes objections conviendront magnifiquement au metteur en scène de ce *Tramway*), s'oppose en permanence à l'auteur et au metteur en scène du spectacle – sur ce point tu peux te prendre toi-même comme modèle. Maintenant je me rends compte que notre *Opening Night* n'a rien d'artificiel, au contraire, tout est très réel. Ça coule naturellement. Les personnages vivent en permanence dans une tension contenue, mais cette Cocotte-Minute explose quand la voiture dans laquelle se trouve Myrtle, à la sortie du théâtre, renverse et tue une jeune fan. C'est le point de basculement pour Myrtle/Myrte. C'est du tout-cuit, putain. Je devrais signer le scénario moi aussi.

C'est ce qu'il a fait. Et il a ajouté :

— Je sais que ton personnage de metteur en scène sera formidable, tu as toute la matière autobiographique qu'il faut. Mais je veillerai à ce que Myrtle crève l'écran, sa descente aux enfers doit entraîner le spectateur avec elle, comme Gena Rowlands l'a fait avec nous.

Il m'avait pratiquement convaincu. Je n'ai pas voulu le lui dire, mais les deux nouvelles versions du *Tramway* et d'*Opening Night* s'emboîtaient en effet à la perfection. Mon travail était d'adapter le personnage de Myrtle pour León, le *Tramway* lui appartenant déjà totalement. Et nos vies, lui comme acteur et moi comme metteur en scène/auteur, c'est vrai, me fournissaient une matière de base très riche pour donner corps et vraisemblance au metteur en scène interprété par Ben Gazzara, et à sa star alcoolique qui sombrait dans la folie, incarnée de manière saisissante par Gena Rowlands.

— Il faudra que tu sois à la hauteur de Gena Rowlands et moi de Cassavetes et de Joan Blondell, qui joue l'autrice, ai-je ajouté pour dire quelque chose car en réalité j'avais pris ma décision.

— En Espagne on ne les connaît pas, personne ne fera de comparaisons. Notre film sera un produit original. Beaucoup de critiques le verront comme une confession.

— Je te rappelle que j'ai réalisé seulement un film.

— Qui a été un immense succès, je n'ai toujours pas compris pourquoi. Cette fois, faisons un drame à multiples facettes, comme on l'a toujours fait au théâtre, c'est notre spécialité.

Ceci est un bon exemple de la façon dont León s'appropriait ce qui n'était pas à lui. Non seulement il piquait l'œuvre de Cassavetes, mais en plus il me suggérait de mettre dans son personnage mes arguments et mes doutes quant au changement de genre de Blanche en Blanc, et, de ce fait, devenait la victime des tourments qu'il m'avait lui-même infligés lorsque je tentais de transformer la pièce de Tennessee Williams. C'était un champion de l'appropriation abusive et, par moments, ce talent me fascinait. Alors, malgré toutes mes réticences et appels à la raison, je finissais emballé par ses idées aussi éclectiques que peu respectueuses. Seul, je n'aurais jamais osé me lancer dans ce genre d'entreprises, mon respect envers les œuvres originales faisant jurisprudence.

J'ai écrit *Le Tramway et la nuit*. On l'a tourné. Le succès a été international. León a gagné un tas de prix. Le film a été nommé aux Oscars et aux Golden Globes. Je devais reconnaître l'alchimie entre nous, même si notre relation survivait in extremis, ou seulement quand il parvenait à m'entraîner jusqu'à un point où le malaise que j'aurais dû ressentir devant l'énormité et la spoliation qu'il me poussait à faire devenait une source d'inspiration. Source qui me brûlait dans tous les sens du terme, tandis qu'il s'en sortait toujours indemne.

León avait commencé à perdre la mémoire. Pendant le tournage, il avait eu recours à des antisèches. Depuis qu'il avait appris que Brando le faisait, il en avait collé partout sur le plateau, après avoir décidé que son cerveau avait le droit de prendre du repos. Au début, ça m'a étonné qu'il insiste autant sur son âge, il n'avait même pas encore cinquante ans.

Avec *Le Tramway et la nuit*, León a rallumé en moi la flamme de l'inspiration. Mais cela faisait longtemps que nous vivions sur un mode très destructeur. Ce n'était pas la dégradation d'une relation de couple mais sa démolition à grands coups, le désastre imminent. Et je n'avais plus de réserves pour continuer de lutter. Je n'avais plus envie. Je savais que notre cycle touchait à sa fin, sur tous les plans. Même si les apparences me contredisaient. On continuait de bien travailler ensemble, mais j'avais perdu foi en nous, contrairement à lui qui y croyait encore totalement. León avait juste pris conscience qu'il avait désormais l'air plus âgé qu'il ne l'était. Et dans son métier, le physique et la mémoire sont déterminants. Pour ce qui était de la mémoire, le cinéma était plus accessible que le théâtre, et c'est pour cette raison qu'il avait voulu que *Le Tramway et la nuit* soit un film.

Nous en étions là, à l'hôpital, un an après le mélange impossible du deuxième *Tramway* et la spoliation du chef-d'œuvre de Cassavetes. Quelques heures plus tôt, on m'avait opéré de calculs rénaux. J'avais dormi tout l'après-midi, mais c'était la nuit et j'étais très réveillé, me plaignant parfois de la sonde. León estimait que ce devait être une expérience *intéressante* (« intéressante » ? je me posais la question) d'avoir une sonde à cet endroit précisément, dans le pénis, un organe qui m'avait donné tellement de plaisir et en avait donné aux autres. (« Aux autres » ? Je m'interrogeais à nouveau ; ce membre, comme tout ce que je possédais, avait été consacré exclusivement à lui, León.)

Rapidement je l'ai entendu ronfler. J'aurais aimé dormir aussi, mais avec ce vacarme c'était impossible. J'ai le sommeil léger, le bourdonnement d'une mouche peut me réveiller. Quand je voyage j'ai toujours des bouchons d'oreilles en cire car il y a toujours mille bruits mystérieux (en particulier dans les hôtels) tapis dans l'obscurité, invisibles, au moment où on décide de dormir. Un hôpital est une sorte d'hôtel avec des clients malades et beaucoup de bruit. La boîte avec les bouchons d'oreilles était au fond de mon sac, lui-même à l'intérieur du placard de la chambre. Je ne pouvais pas bouger. Et je n'ai pas osé réveiller León pour qu'il aille me la chercher.

Voilà un bon résumé de ma relation amoureuse et professionnelle avec lui. Il volait mes phrases et se les appropriait. Son processus de création consistait à exciter mon imagination avec n'importe quelle allusion banale ou extraordinaire et, une fois que je commençais à ruminer l'idée, aussi farfelue fût-elle, il attendait d'en récolter le fruit et de s'en emparer tandis que je me chargeais de la mise en scène. Bien entendu, sur le plan personnel, il n'y a jamais eu de fidélité qui tienne, ou seulement pendant quelques mois.

León avait beau partager ma vie et mes idées, elles ne lui appartenaient pas totalement. Quand je dis qu'il m'a dépouillé, je ne fais pas référence aux pièces et aux films qu'on a faits ensemble, pas uniquement. Et je ne me plains pas, au début je souffrais, naturellement, mais j'ai fini par m'habituer. Je n'accuse pas León, mais moi-même, j'ai accepté de supporter ses troubles alimentaires, ses dérives toxiques et sexuelles. Je n'étais là que comme un moyen de réaliser ses fantasmes artistiques. Ce n'est pas rien. Pendant des années, il a renouvelé mon désir de terres inconnues à explorer. Ma relation avec l'infidèle León, le cruel León parfois, n'a pas seulement été un sacrifice. Elle m'a aussi enrichi, sur tous les plans, et a été pour moi la meilleure des écoles. Mais c'était il y a longtemps.

La cérémonie du miroir

Le noir carrosse dans lequel voyage le comte fend la nuit, l'assombrissant davantage encore à son passage. L'accès est impraticable pour les hommes et pour les animaux, et l'attelage suit le chemin indiqué par une poulie reliant le sommet du mont Athos à un village qui lui fournit les provisions de base. Là-haut, fermé, protégé, isolé, se trouve un monastère où vivent des moines cloîtrés. L'attelage s'arrête devant la porte d'entrée du bâtiment. Le comte et les bêtes qui tirent son carrosse sont liés par une relation télépathique. C'est une nuit obscure. Noir sur noir. L'éclat de ses yeux et celui des yeux de ses chevaux lui permettent de distinguer la porte du monastère. L'obscurité n'a jamais été un problème pour le comte.

Avant de frapper, il dit adieu au carrosse et aux bêtes. Il donne une étreinte au premier et un baiser sur les grosses lèvres des seconds. Les animaux poussent un hennissement qui traverse les murs de l'établissement comme un éclair.

Le comte tourne le dos à l'émotion, il ne veut pas voir disparaître ceux qui étaient jusqu'à présent ses inséparables compagnons.

Il frappe à la porte du monastère, attend quelques minutes. C'est frère Anselmo qui vient lui ouvrir, le moine gardien qui s'était consacré plus jeune à l'alchimie jusqu'à ce que Dieu, ou plutôt un de ses représentants sur terre, croise sa route. Alors Anselmo avait rejoint la communauté du mont Athos dans laquelle, lorsqu'il ne priait pas, il s'occupait du jardin qu'il avait fini par transformer en un véritable potager, nourrissant toute la congrégation. Anselmo et le père Hortensio, son ravisseur et âme sœur, ont une autorisation spéciale pour dédier tout le temps que la nature exige d'eux à l'entretien du potager. Il y a aussi des poules, donc des œufs et des poussins.

Le frère, ensommeillé, observe le comte avec étonnement.

— Que voulez-vous, monsieur ?

— Pardonnez-moi de vous importuner, mon père, mais je viens de très loin, je ne pouvais pas prévoir l'heure de mon arrivée.

Les bonnes manières et les habits nobles du visiteur ne passent pas inaperçus auprès du frère. Du fond du bâtiment apparaît père Hortensio, qui a également entendu le bruit de la porte. Frère Anselmo répète la question à l'étrange visiteur.

— Que puis-je faire pour vous, monsieur ?

— J'ai décidé de me retirer du monde et de consacrer ma vie à la prière. Je voudrais parler avec le père recteur.

— Je vais voir si je peux prévenir père Benito, le recteur, mais je ne vous promets rien.

Le comte pénètre sous le porche austère.

— Qui est-ce ? Que veut-il ? murmure père Hortensio à frère Anselmo.

— Je l'ignore, il souhaite voir le père recteur.

— Qu'il revienne à un autre moment. On ne peut pas le déranger à cette heure.

— Il veut se retirer du monde.

— Ici ? Je n'aime pas ses airs, je crois que c'est un malentendu. C'est sûrement une mauvaise blague.

— Dans tous les cas, je dois avertir le père recteur.

Le comte attend, droit et silencieux, que s'achève le bref conciliabule entre les deux moines. Il regarde fixement frère Anselmo, puis père Hortensio. Aucun des deux ne peut soutenir plus de quelques secondes son regard brillant et opaque à la fois, lourd comme du métal. Le regard d'un être qui, même s'il s'efforce de paraître humble, dégage une supériorité intimidante.

— Un problème ? interroge le comte.

— Non, je vais de ce pas voir si le recteur est réveillé, dit frère Anselmo, tandis que père Hortensio demeure auprès du visiteur.

— Ne me regardez pas comme si j'étais dangereux, le prie et lui ordonne à la fois le comte.

Il en est toujours ainsi avec lui, il est capable de provoquer un sentiment et son contraire.

— Vous êtes sûr de ne pas l'être ? lui demande le moine.

— Je n'ai jamais pensé à moi en ces termes, j'ai peut-être été dangereux à d'autres époques…

— Vous connaissez la vie que nous menons en ce lieu ?

— J'ai beaucoup entendu parler de ce monastère, mais racontez-moi, vous qui vivez ici.

— Notre vie est sacrifice et renoncement. Consécration absolue à la prière. Nous réalisons uniquement les tâches indispensables à notre survie. Tout le reste est silence, jeûne et méditation. Frère Anselmo, qui s'y connaît un peu en médecine, veille à trouver des remèdes à base de plantes que je cultive dans le jardin. Avec le temps, nous avons constitué un laboratoire naturel. Mais je ne peux pas vous assurer que, si vous tombez malade, nous puissions vous guérir. Nous menons une vie retirée, sauvage.

— Je suis prêt à accepter ces conditions.

— Vous ne pourrez pas recevoir de visites. Vos origines et votre passé n'ont pas leur place dans ce monastère.

— Cela fait longtemps que j'ai oublié le monde, et réciproquement. Vos paroles me confirment que je ne me suis pas trompé en venant ici.

Ils sont interrompus par frère Anselmo, qui a du mal à dissimuler son excitation.

— Le recteur accepte de vous recevoir. Il vous attend dans sa cellule.

Père Hortensio remarque combien son compagnon est nerveux. La présence du comte les impressionne tous les deux et il n'est pas sûr que ce soit bon signe.

Frère Anselmo conduit le comte dans une pièce aussi austère que le porche d'entrée.

Le comte s'est renseigné sur la vie du monastère et du recteur. Tout le monde exalte la sévérité de ce dernier envers lui-même, son mépris pour ses propres besoins biologiques. La seule chose qui permette d'expliquer une personnalité aussi autodestructrice, c'est la sainteté.

Si la religion dérobe à la vie ses aspects les plus réjouissants, père Benito avait réduit la sienne à une épreuve permanente dont la limite était la stricte subsistance du corps. Son existence quotidienne était un défi aux contingences de la nature humaine. Sa survie démontrait que les miracles étaient possibles.

La pièce est vide, le sol en pierre. Une table en bois et une chaise, en plus du lit, constituent les seuls meubles. Le comte transperce le lit du regard et découvre le père recteur allongé sur le dur sol en pierre, sous le lit. Pour le comte, il n'existe ni murs ni sommiers, la portée de son regard est infinie et profonde. Mais il a fini par s'en lasser et ne s'en enorgueillit pas. Il espère que le monastère mettra fin à ses pouvoirs, les réduisant à un seul.

Père Benito aimerait savoir à quoi pense le nouveau venu et à quoi il ressemble, il aimerait voir à travers le lit aussi nettement que le comte mais il ne le peut pas, il ne réussit qu'à distinguer ses chaussures et ses chevilles. Il se relève et le salue. Le regard qu'ils échangent ressemble davantage à un bras de fer qu'à une simple observation. Sans vainqueur ni vaincu. S'efforçant d'être le plus humble possible, le comte détourne ses yeux ardents du recteur. Il est conscient de l'impact que produit sa présence et lutte contre cet effet. Il fait tout pour paraître moins impressionnant.

Le visage sec du recteur exprime une volonté de fer, confiance en lui-même et méfiance envers les autres. Malgré cette prétendue dureté, il a de beaux yeux qui possèdent le mystérieux tamis opaque des images sacrées. Parmi tous les sentiments qu'il éprouve vis-à-vis de lui-même et de la vie, l'insatisfaction domine. Son regard exprime l'angoisse de quelqu'un qui n'a pas encore réussi à accepter l'abîme séparant ce qu'il avait rêvé de la réalité.

La réputation du moine et de ses écrits était arrivée aux oreilles du comte ; le recteur, en revanche, ne connaît pas l'identité de son superbe visiteur. Sa première impression est forte. Il est surpris par le mélange de luxe et de pâleur, d'éclat et d'épuisement. La silhouette du comte dégage quelque chose d'indubitablement mystique. De majestueux et creux à la fois. Personne ne l'avait jamais autant impressionné. Il comprend pourquoi frère Anselmo était aussi excité quand il était venu lui annoncer son arrivée.

— Je suis un comte qui viens de très loin, de Transylvanie, pour me retirer dans votre monastère.

— Vous connaissez les règles en vigueur entre ces murs ?

— Silence, solitude, jeûne et recueillement. Je souhaite me retirer du monde et vivre uniquement dans la piété et la contemplation de Jésus.

— Permettez-moi d'insister. Avez-vous une idée de ce que signifie renoncer aux plaisirs et au confort auxquels vous aviez facilement accès ? Il suffit de vous regarder. N'êtes-vous pas juste momentanément blasé ou déçu ? J'ai connu d'autres cas.

— Pas moi. J'ai tout essayé, mais le monde, ses plaisirs et ses idées ne m'excitent pas plus qu'ils ne m'intéressent. Cela fait des années que je vis seul et sobrement, entouré d'animaux. Je voyage en permanence, je n'ai aucune attache, à rien, à personne.

Le moine se sent attiré par l'inconnu, dans sa totalité.

« Je savais qu'un jour il frapperait à la porte de cet établissement. Tout à l'heure, cette nuit, un éclair a traversé mon demi-sommeil, annonçant son arrivée. Avant même de le rencontrer, j'avais deviné sa présence », songe le recteur. Et le comte lit dans ses pensées, il sait que ce n'était pas un éclair mais le hennissement de ses chevaux annonçant sa venue, pourtant il ne dit rien. Il pressent que père Benito aime croire qu'il possède des pouvoirs surnaturels et se plaît à les afficher.

Les deux hommes dialoguent mentalement, en silence, à travers leurs regards. Le recteur n'arrive pas à deviner ce que pense le comte. Comme il ne voit pas quoi ajouter, il énonce une banalité :

— Il est tard, ou trop tôt. Frère Anselmo va vous accompagner dans votre cellule. Les premiers mois seront à l'essai. Si vos intentions sont sincères, vous êtes ici chez vous. Vous pourriez éventuellement aider père Hortensio au jardin, s'il le faut. Mais il n'y a pas grand-chose à faire. Votre esprit aura de nombreuses heures libres pour prier et méditer. Je pars demain en déplacement, à mon retour vous me direz si votre désir est toujours le même. J'espère vous trouver encore ici.

— Je serai là. N'en doutez pas.

Père Benito s'absente régulièrement du monastère ; il a lu le roman *Le Moine*, de Matthew G. Lewis, et rêve de connaître toutes les tentations qui entraînent le héros du roman à sa perte, toutefois, il n'a pas cette chance… même si la présence du comte pourrait modifier ce médiocre destin. Il ne l'avouerait jamais, mais il aime voyager, rompre avec la monotonie imposée du monastère. Lors de ces escapades, il jouit de son statut de saint, guide spirituel des âmes les plus importantes du pays et éminent conseiller de personnes célèbres. Cruel séducteur d'hommes et de femmes égarés. Au contact des puissants et de leurs richesses, il n'a jamais été confronté, en aucun cas, à la moindre manifestation diabolique contre laquelle agir selon ce qu'il est, ce qu'on dit qu'il est : un saint vivant.

Bizarrement, le voyage qui suit l'apparition du comte est stérile, tant pour lui que pour ses fidèles. Le religieux est distrait, ce n'est pas *Le Moine* de Lewis qui occupe son esprit, mais le comte, qu'il n'arrive pas à oublier. Et cette pensée le met profondément mal à l'aise. En guise d'autopunition, il prolonge son périple plus que prévu, afin de tenir à distance son désir brûlant de revenir au monastère. Le démon a peut-être choisi ce comte impressionnant pour le tenter. Et dans l'angoisse que suscite cette idée, le prêtre trouve un certain réconfort.

Comme le lui a annoncé le recteur, le comte est dispensé de toutes les tâches domestiques. Quand la cloche sonne, il rejoint ses compagnons au réfectoire ou à l'église, puis ne les côtoie plus de toute la journée. Personne n'ose le déranger, même si tous gardent un œil sur lui. Père Benito leur a conseillé de faire comme s'il n'était pas là. Il voulait que le comte connaisse l'indifférence et l'insignifiance.

Au bout d'un moment, le comte ne se présente plus au réfectoire et cesse de venir s'alimenter. Il ne mange quasiment plus. Le vœu de silence et les recommandations du recteur interdisent aux autres moines de se préoccuper de sa santé. Frère Anselmo craint que ce silence ne soit fatal au comte et père Hortensio l'espère : il éprouve de la jalousie à son égard.

Après quelques semaines, le recteur est de retour. Jamais il n'a eu autant envie de revenir. Il n'a même pas le temps de demander des nouvelles de leur hôte.

Admiration, stupeur, envie et perplexité : telle est, résumée, l'impression générale. La vie du comte, l'informe-t-on, se déroule entre l'église et sa cellule. Il se promène rarement dans le jardin, et n'a jamais pris le temps d'admirer le soleil. Ces levers et ces couchers de soleil à la beauté indescriptible, dont la seule contemplation justifierait l'existence du monastère et de ses pensionnaires, semblaient n'avoir aucun charme pour lui. Depuis des semaines, il ne vient plus au réfectoire et personne ne l'a surpris en train de s'approvisionner en pommes de terre, oignons ou salades du jardin. Les deux moines dont la cellule est voisine de celle du comte affirment l'avoir entendu se lever la nuit pour se rendre à la chapelle. Ils l'ont souvent trouvé à l'aube en extase devant l'autel. Il n'avait pas l'air humain, sa figure hiératique était dure comme la pierre et sombre comme la plus obscure des nuits.

La communauté reconnaît que la conduite du nouvel hôte n'admet pas le moindre reproche. Cependant, l'ambiance est agitée et nerveuse.

— Je m'en doutais, dit le recteur. C'est pour cette raison que j'ai tardé à revenir.

Nul ne comprend ses paroles, mais père Benito aime déstabiliser les moines avec des phrases absurdes que lui-même ne comprend pas.

Après avoir tenté de mettre de l'ordre dans ses pensées, le recteur se dirige vers la cellule du comte, vexé par l'absence de curiosité de l'hôte à son égard. La porte est fermée à clé, mais il possède un passe-partout. La pièce est vide, et la fenêtre hermétiquement fermée. Il n'y a quasiment pas de lumière, à part celle qui filtre à travers deux petites fentes dans les volets.

Le lit n'est pas défait. Aucune trace de corps. Au moment où le recteur s'apprête à ressortir de la cellule, la voix du comte l'arrête.

— Alors, ce voyage ?

Le moine se retourne, comme foudroyé, et voit apparaître le comte, surgissant avec agilité de sous le lit. Il n'avait pas songé à regarder à cet endroit, pensant qu'il était le seul à dormir inutilement sur le sol en pierre. Tremblant de complicité, il lui demande :

— Que faites-vous sous le lit ?

— Je me repose. Je préfère par terre.

— Moi aussi.

Le froid de la pierre a figé le visage du comte. Impossible de percevoir la moindre émotion. Le père recteur est connu pour sa force mentale, les autres suivent généralement le mouvement ; mais tout est différent avec le comte. Face à lui, le moine se sent transparent, nu et léger comme une plume.

Cette sensation tout à fait nouvelle le perturbe. Troublé, sans inspiration, il choisit de s'en aller en silence.

Le comte sait que, depuis qu'il est rentré, le recteur l'observe ; tous les moines le font, mais le recteur ne s'en cache pas, question de pouvoir et de statut. Pour ne pas éveiller les soupçons, il renonce pour l'heure à ses doses nocturnes de chapelle. Et ajoute une petite mise en scène : chaque matin avant le lever du soleil, il descend dans le potager et se ravitaille en aliments, dont il se débarrasse plus tard. Avant de sortir, il se badigeonne le visage et les mains avec une crème épaisse qu'il a apportée avec lui.

La sixième nuit, il éprouve le besoin compulsif de s'agenouiller devant Dieu dans la solitude nocturne. Avant de se rendre à la chapelle, il s'assure qu'ils dorment tous, ou du moins qu'ils sont bien enfermés dans leurs cellules. Sans faire de bruit, donnant l'impression de ne pas toucher le sol, de le survoler, le comte parcourt les couloirs. Seuls des ronflements filtrent à travers les portes.

Lorsqu'il arrive près de la cellule du père Benito, il entend des coups de fouet et des gémissements. Il reste immobile devant la porte et s'aperçoit qu'il n'y a pas de clé dans la serrure, ce qui invite, peut-être délibérément, à regarder. Le comte accepte l'invitation, s'agenouille et observe. Il voit le père recteur se flageller violemment, le dos nu, tachant le sol de sang. Le spectacle est édifiant et suggère de nouvelles voies de communication entre les deux hommes ; le comte réfléchit un instant puis décide, comme prévu, de laisser libre cours à sa piété dans son enceinte naturelle, la chapelle.

Il entre dans la petite église et se place devant un crucifix de très grande taille qui se trouve au-dessus d'un autel. Il reste là un moment, immobile, absorbé dans une profonde prière. Puis il lève la tête et ses yeux étincellent comme les braises d'un feu ravivé.

Il n'est pas seul dans l'oratoire. Père Benito l'a suivi et l'observe, plongé dans l'obscurité.

Le comte se rapproche du crucifix à la taille surnaturelle. Alors toutes les plaies du Christ en bois se mettent à saigner. D'abord les pieds, puis la poitrine et les mains, la commissure des lèvres, les tempes. Le comte s'élève dans les airs sans aucun appui et pose la bouche frénétiquement sur chaque plaie. Pas une goutte ne tombe au sol. Père Benito contemple le miracle, stupéfait. Devant ses yeux se dévoile dans toute son ampleur le mystère de la Sainte Communion.

Le comte lèche la sculpture en bois jusqu'au moindre centimètre, après quoi sa silhouette rapetisse et se transforme en oiseau noir (un martinet, pense le recteur). S'il était plus près, il s'apercevrait que c'est une chauve-souris.

L'oiseau se pose sur la tête du Christ et, avec une grande application, picore le sang encore imprégné dans la couronne d'épines. Ensuite seulement il se réincarne en homme, prostré devant l'image de la croix, pétrifié par la dévotion.

La même dévotion intense s'empare de père Benito, même si elle n'est pas provoquée par le Christ mais par la personne du comte, dont les lèvres conservent encore des traces de sang divin. Le comte porte la main à sa bouche pour essuyer le sang. Il sent la présence du moine et son désir fiévreux de lécher ses lèvres tachées de sang. La révélation du désir du moine lui brûle la bouche.

Père Benito sait qu'il est percé à jour. Le mépris qu'il reconnaît dans les yeux du comte lui fait beaucoup plus mal que ses coups de fouet.

Il sort de la chapelle et passe le reste de la nuit à trembler de confusion dans sa cellule.

Dans un grand état d'agitation, père Benito ne sort pas de toute la journée. Il n'ouvre à personne. Il se promet, dans une sorte de crise obsessionnelle et enfantine, qu'il ouvrira uniquement sa porte au comte.

Le lendemain, frère Anselmo insiste tellement que le recteur est obligé de lui ouvrir. Le frère apporte de la nourriture et des remèdes maison ; tout le monastère l'a entendu tousser pendant la nuit. Père Benito refuse tout et lui demande depuis combien de temps personne n'a vu manger le comte.

— Plus d'un mois, je crois.

— S'il peut le faire, moi aussi.

Frère Anselmo proteste gentiment. Le recteur le sermonne :

— Vous devriez être plus discret et plus indifférent.

— Je m'inquiète pour vous.

Deux semaines plus tard, frère Anselmo craque et frappe à la porte du comte.

— Le recteur est malade et désire vous voir.

Le comte n'avait pas prêté attention à son absence, il le croyait reparti en voyage et, en vérité, n'avait même pas pensé à lui.

La cellule du recteur est une mauvaise réplique de la sienne. Non seulement le moine dort par terre, sous le lit, mais la table de chevet, la petite armoire et le crucifix occupent la même place que dans la cellule du comte.

Dès qu'ils sont seuls, le dialogue s'engage.

— Que vous arrive-t-il, père Benito ?

— Les forces m'abandonnent.

— Essayez de manger quelque chose.

— Je mangerai si vous mangez.

— Depuis quand suis-je un modèle ?

— « L'âme seule, sans un maître virtuose, est comme un unique morceau de charbon qui finit par s'éteindre au lieu de s'allumer. » Apprenez-moi à communier !

— Le jeûne vous fait délirer.

— Et vous, mentir. Depuis que vous m'avez montré la véritable communion, l'autre m'est inutile.

— Ce que vous dites est absurde et insensé, en plus d'être impie, pour reprendre vos propres termes.

— J'insiste : si vous ne me révélez pas votre secret, vous ne pourrez pas rester une minute de plus dans ce monastère.

Le comte réfléchit un instant.

— D'accord.

— Ne partez pas, seigneur comte !

— C'est ce que vous voulez ?

— Je vous en supplie !

— Entendu. Calmez-vous et écoutez bien l'histoire que je vais vous raconter. Mon histoire. Je suis un vampire. La littérature et l'ennui ont généré de nombreuses légendes sur ceux de ma condition. Ce n'est pas une justification, et encore moins une revendication. Je n'ai aucun intérêt à vampiriser qui que ce soit. Je suis comme vous, les mystiques, j'aime être seul et faire ce que je veux.

Mais il n'en a pas toujours été ainsi. Moi aussi j'ai traversé de longues périodes de trouble et de léger hédonisme.

Nous, les vampires, sommes une race particulière, je ne peux pas le nier. Cela implique moins d'avantages que les gens le croient, et moins d'inconvénients que nous le croyons nous-mêmes. Clichés, peur, foutaises ! Parmi toutes les légendes qui nous entourent, une seule est vraie : nous ne nous reflétons pas dans les miroirs, ni dans les yeux d'autrui, ni dans l'eau. Nous nous reflétons uniquement dans les fantasmes des hommes, comme dans les vôtres en ce moment. Nos ombres se prolongent dans les rêves et notre jour est la nuit.

Le moine le regarde avec fascination.

— Il n'existe pas de plus grande solitude que celle de ne pas se sentir accompagné par sa propre image. Le témoignage des autres ne suffit pas, pas même celui des êtres chers. À force de ne pas pouvoir contempler mon visage, j'ai fini par penser que je n'en avais pas. J'étais sûr que si Dieu existait il appartenait à la famille des Miroirs et, pour une raison qui m'échappait, il lui plaisait de nier notre existence.

Le prosélytisme perpétuel de mes congénères s'explique par la soif de vengeance davantage que celle de sang, il est dû à la colère, plus qu'au besoin de rassasier notre appétit. Chaque nouvelle victime qui se soumet à nos canines représente une victoire devant le dieu Miroir, une image qu'on lui ravit pour toujours.

Comme un prolongement de notre haine pour le miroir, nous haïssons aussi le signe de croix. Une imposture irrationnelle que les vampires n'ont pas encore déboutée. Nous identifions la croix à Dieu, mais ça n'a rien à voir. Je n'ai jamais vu Dieu, pourtant on peut trouver une croix sur n'importe quel autel. Ce monastère est rempli de croix qui non seulement ne me gênent pas, mais me réconfortent.

Dans mon existence de vampire, j'ai connu de grandes crises, je vous l'ai dit. Comme tous ceux de mon espèce, j'ai renié ma nature et me suis rebellé contre elle. Je ne supportais pas l'état léthargique dans lequel j'étais en permanence, les orgies ne m'amusaient plus. Mais le sang était toujours vital. Pendant de nombreuses années, j'ai été un vampire nihiliste. J'allais chasser uniquement quand je n'avais plus le choix. J'ai remplacé les gorges humaines par toute autre source de sang animal, même impure, poules, lapins, chiens, y compris mes propres chevaux.

C'est d'ailleurs un de mes chevaux qui soudain m'a montré le chemin.

Je passais alors mes nuits à lire dans mon cercueil, à la lueur de mes yeux. J'étais intrigué par le jaïnisme, le bouddhisme et le mysticisme chrétien. Ne vous ai-je pas vu lire *La Nuit obscure* ? Je lisais tout ce qui tombait entre mes mains sur des thèmes spirituels et j'étais persuadé que si je voulais me débarrasser de cette dépression, il faudrait que je prenne des risques.

J'ai commencé à visiter des ermitages d'un intérêt artistique. J'ai un regard profond, j'avais le pouvoir de fureter dans une église sans même y entrer. Je mettais du temps à me décider, comme un enfant avant de sauter d'un plongeoir dans une piscine pour la première fois.

C'est lors d'une de ces excursions que c'est arrivé. Je me reposais dans l'herbe, sous la lune, près de l'église d'El Salvador, aux abords d'un village de La Mancha. À mon grand étonnement elle était ouverte. Lorsque j'ai vu mon cheval circuler docilement à l'intérieur, je n'arrivais pas à y croire, car l'animal aussi était un vampire. C'est moi qui l'ai mordu. Qui l'ai initié.

Le moment était arrivé de prendre de l'élan et de sauter.

C'est ce que j'ai fait. Je suis entré.

L'église était vide. Au-dessus du maître-autel trônait l'image du Sauveur. Une croix aussi grande que ma curiosité dominait l'espace qui lui était consacré. Je me suis avancé vers l'autel, sans cesser de regarder le Christ. Je me suis agenouillé devant lui. La terre ne m'a pas aspiré, le ciel ne s'est pas fendu en deux pour me foudroyer. La nuit suivait son cours, calmement. C'était la première fois que je voyais cette image et cette simple vision m'a insufflé une paix nouvelle et totale.

Tout à coup, quelque chose d'extraordinaire s'est produit. De chaque plaie du Christ, aux pieds, aux genoux, à la poitrine, à la bouche, sur les paumes des mains, les tempes, etc., du sang s'est mis à couler. Aussi petite que fût la blessure représentée sur la sculpture en bois, elle devenait une soudaine et irrépressible source de vie. Je contemplais le miracle, paralysé. C'est alors que sa voix m'a parlé : « Je suis l'unique source de vie. Celui qui boit mon sang n'aura besoin de nul autre aliment. » Elle a résonné en moi comme un écho.

Il n'a rien ajouté, moi non plus, c'était inutile. Je me suis avancé vers le crucifix et j'ai bu le liquide qui a coulé pendant un bon moment de chacune de ses plaies. J'ai léché la flaque de sang qui s'était formée par terre. Et j'ai volé comme un avion, le jour où il a été inventé.

Je suis retourné au château, impatient de communiquer à mes compagnons le miracle que je venais de découvrir. Mais aucun d'eux ne m'a cru. Au contraire, quand j'ai terminé mon récit, ils m'ont tous observé avec dégoût. J'ai proposé de leur faire une démonstration in situ, en vain. Ils ne voulaient pas changer. La routine les rassurait, et ils pensaient que mon abstinence m'avait rendu fou.

J'ai quitté le château et tout ce qu'il renfermait. J'ai voyagé dans différents endroits en Espagne. J'ai rencontré un de vos disciples, qui m'a montré vos chartes, dans lesquelles je me suis reconnu ipso facto. Je suis venu ici avec les intentions que vous connaissez. Si je ne vous ai pas raconté cela jusqu'à présent, ce n'est pas par mesquinerie. Le rejet que les vampires ont témoigné à mon égard m'a appris que les solutions individuelles ne constituent pas un salut pour les autres. Et le vampirisme est un chemin sans retour, que je ne conseille à personne.

Père Benito prononce seulement ces mots :

— Faites-moi vampire.

Face à la fermeté inébranlable du recteur, le comte exagère les inconvénients de sa condition. Il insiste sur la douleur de ne pas pouvoir se contempler, sur l'opacité des miroirs et de toutes les surfaces qui reflètent les choses, selon la lumière. Le moine considère que c'est peu cher payé comparé à ce qu'il recevra en échange. L'histoire de l'ail est une légende idiote et la lumière du soleil le dérange seulement, mais elle est supportable. Il a une crème hydratante efficace pour protéger sa peau sensible.

La témérité du recteur est telle que le comte n'a pas le choix et se prépare à la nouvelle ordination.

Père Benito est aussi exalté qu'une future mariée. Finalement, l'idée de le vampiriser ne déplaît pas au comte. Il commence à aimer la perspective de ne pas être seul.

Ils abordent le thème de l'éternité et de la mort. Le comte lui confie que s'il désire abandonner le monde il lui suffit de s'enfoncer un pieu dans le cœur jusqu'à la garde. Il aura besoin que quelqu'un l'aide à la tâche. Le faire seul ne servirait à rien.

Le recteur ne veut pas en entendre parler.

— Je n'envie pas le bonheur des saints dans l'autre vie.

— Vous avez raison, le vampirisme est déjà une autre vie.

Compte tenu du contexte, la cérémonie va être simple et intime.

La nuit d'avant, quelqu'un a cru voir un grand miroir volant dans le ciel aux abords du village le plus proche du monastère. Une villageoise déclare la disparition de son miroir, mais on a beau l'interroger, elle ne sait pas dire ce qu'il s'est passé, ni comment. Seuls le recteur et le comte connaissent la vérité. Métamorphosé en chauve-souris, le comte a saisi le miroir entre ses griffes dans la chambre de la maison, et l'a transporté en volant jusqu'au monastère.

Ils installent le grand miroir près de l'autel du Christ surnaturel et éternellement à l'agonie. Il ne manque rien. Tout est en place.

Le comte dirige la cérémonie d'ordination avec délicatesse.

— Regardez soigneusement votre visage. Le nez, les yeux, la bouche, les joues, les sourcils, le menton, les cheveux, les oreilles. Ouvrez la bouche et regardez à l'intérieur. N'oubliez pas la langue… tirez-la et observez-la, car vous ne la reverrez plus… Retirez vos vêtements, lentement, un par un. Et regardez chacun de vos membres avec attention dans le miroir. Profitez-en. Vous avez un beau corps, musclé. Qui l'aurait dit ?

Le moine obéit en rythme aux ordres du comte et se retrouve complètement nu.

Excessivement pudique, il ne se rappelle pas s'être vu ainsi depuis l'enfance. Il éprouve une nostalgie inattendue, se caresse les jambes, la poitrine, les épaules, les bras, le sexe… En effet, il est beaucoup plus beau qu'il ne l'aurait imaginé.

— Mon corps me plaît.

— Il est encore temps de revenir en arrière et d'en jouir un peu.

— Cela fait longtemps que mon heure est passée.

Le recteur s'admire encore quelques instants. Il adopte différentes postures pour se contempler sous plusieurs angles.

— Je suis prêt, annonce-t-il.

Le comte s'approche de lui et l'étreint. Le moine continue de regarder son image dans le miroir. Ses muscles sont en tension et ses bras entourent le torse du vampire, même si le miroir ne le reflète pas. Le moine s'abandonne au comte sans perdre de vue son propre visage qu'il penche en arrière, dans une attitude de ravissement. À cet instant, les canines du comte s'enfoncent dans son cou. Le corps du religieux s'efface du miroir et s'effondre à terre.

Le vampire se jette sur lui et pompe ses artères avec une frénésie féroce.

Transis, ils demeurent l'un sur l'autre, comme s'ils venaient de forniquer sauvagement.

Lorsque le recteur reprend connaissance, il regarde le crucifix de l'autel.

Le comte l'aide à se relever. Du sang commence à surgir des plaies du Christ. Le couple se précipite sur la sculpture en bois et boit avec délectation le liquide qui coule gracieusement.

À la fin du banquet, ils se métamorphosent en chauves-souris et quittent la chapelle en volant, se perdant dans l'obscurité sans mystère de la nuit.

Le vol nocturne et nuptial ainsi que le rituel face au miroir finissent par devenir la nouvelle forme d'introduction à la congrégation mystico-vampirique qui naît de l'union du père Benito et du comte.

Ils tentent d'oublier le monde et d'être oubliés de lui. Les différentes générations de paysans qui habitent le village voisin trouvent étrange la survie de ces moines. Mais la superstition et la peur sont des murs imprenables, beaucoup plus solides que la curiosité des gens.

Comme l'a dit le comte au père Benito, les vampires et les mystiques sont appelés à s'entendre.

Jeanne, la Belle au bois dément

À l'Alcazar de Ségovie, il existe une pièce qui était parmi les préférées de la Reine Catholique, avec la chapelle et ses propres appartements : la salle de couture. Lorsque ses devoirs de souveraine le lui permettaient, la reine y passait la plupart de ses après-midi à coudre en compagnie de ses filles. Rien ne la distrayait davantage. Isabelle était aussi bonne reine que femme et mère. Pour elle, catholique exemplaire, ces deux fonctions étaient aussi importantes l'une que l'autre.

— Avant de gouverner un pays, une femme doit savoir tenir sa maison, recommandait-elle souvent à ses filles, Isabelle, Catherine et Jeanne.

Sa dernière fille, Jeanne, n'éprouvait pas une forte attirance pour les activités que son auguste mère essayait de lui inculquer. Parfois, comme à cette occasion, elle se risquait à l'exprimer :

— Je ne vois pas ce que le pays peut gagner au fait que n'importe laquelle d'entre nous sache coudre.

— Ma fille, écoutez. Mon époux, votre père, n'a jamais porté une chemise que je n'aie pas tissée moi-même.

— Mais il y a en Espagne de magnifiques fileuses qui auraient pu le faire, s'opposa Jeanne une nouvelle fois.

— Oui, mais mon auguste époux ne les aurait pas portées de la même manière. Par ailleurs, si nous les avions commandées à une autre femme, il aurait fallu la payer pour son travail ; or, quand vous serez grande, chère Jeanne, vous comprendrez que les besoins de notre peuple sont nombreux et que tout ce que nous économisons pour y remédier demeure insuffisant.

Jeanne n'ajouta rien. Elle poursuivit sa tâche à contrecœur, en silence, à l'instar de ses sœurs. Mais ce calme apparent dura peu : il fut soudain rompu par un cri. Jeanne réclamait à nouveau l'attention de la reine.

— Que vous arrive-t-il ?

— Je me suis piquée, se plaignit l'infante, les larmes aux yeux.

La reine la réprimanda :

— C'est le châtiment pour votre manque d'attention. À partir de maintenant, soyez plus appliquée dans ce que vous faites.

Mais l'infante ne semblait pas l'entendre. Elle ouvrit la bouche et posa son ouvrage. Pareille indiscipline stupéfia la Reine Catholique.

— Mère, je tombe de sommeil, bafouilla Jeanne, la diction traînante, comme si elle avait du mal à articuler.

— Vous étiez parfaitement éveillée à l'instant. Que cela signifie-t-il ?

— Je l'ignore, j'ai terriblement sommeil tout à coup.

Cette phrase à peine prononcée, l'infante s'endormit profondément. On la transporta jusqu'à son lit et, à la consternation de la famille royale, les jours passèrent sans que Jeanne se réveille. Personne ne savait que faire.

Les souverains étaient désemparés devant ce mal mystérieux. Isabelle, comme à son habitude, confia sa peine à Jésus-Christ et s'en remit à Lui. Elle ordonna des messes et des neuvaines dans tout le pays. Elle désirait que le royaume entier, en particulier les nobles qui aimaient tant le luxe et la débauche, s'unissent à son calvaire et se sacrifient avec elle. Mais après des semaines de piété populaire, Jésus-Christ n'avait toujours pas pitié de cette infante endormie. La reine Isabelle, qui ne reculait devant rien, décida de se mortifier – ce n'était pas la première fois – pour mieux obtenir le secours divin. Son époux, le roi Ferdinand, lui conseilla une autre méthode. Mais elle, qui dans l'intimité de ses appartements méprisait son mari, lui rétorqua avec dédain :

— Puisque vous êtes faible, laissez-moi seule. Je ferai pénitence pour nous deux, et le ferai devant vous pour qu'au moins, me voyant souffrir, vous souffriez également un peu et ayez quelque chose à offrir à Celui qui a enduré l'indicible pour nous tous.

Le spectacle des tortures de la reine répugnait à son illustre époux. Il l'avouait ainsi à son directeur spirituel :

— La reine est insensible à la douleur. Elle fait répandre par terre dans les salons des braises ardentes et des bris de verre, et marche tranquillement dessus comme sur un tapis moelleux. Elle a toujours aimé les mortifications les plus dures, mais n'était jamais allée jusqu'à ces extrêmes. Ces dernières années, elle dormait sur une énorme pierre, mais récemment elle s'est fait construire un lit avec des poignards, et elle se couche tous les soirs sur les pointes comme un fakir, sans peur, sans jamais se plaindre. C'est pour moi une vision insupportable.

Au bout de plusieurs jours, la situation demeurait inchangée. Le personnel domestique, qui connaissait le mal de l'infante, était rongé par l'incertitude, mais la reine ne s'avoua pas vaincue. Elle continua de se soumettre à d'horribles tortures en présence de Dieu – il y avait toujours une croix dans laquelle Isabelle se contemplait comme dans un miroir – et du roi.

Quatre mois de sommeil ininterrompu passèrent et Isabelle menaça de se crucifier si Jeanne ne se réveillait pas. Le problème devenait de plus en plus critique. Le palais ne voulait pas que le peuple apprenne la vérité et feignait une normalité absolue ; cependant, malgré tous leurs efforts, la rumeur commençait à courir que les rois séquestraient l'infante.

Isabelle poursuivit ses mortifications de plus en plus intenses et fit installer une croix de trois mètres de haut sur une tour de l'Alcazar pour que le peuple entier puisse la voir. Elle s'apprêtait à se crucifier quand une voix grave et lumineuse vint à son secours, une voix qui ne pouvait être que celle de Dieu.

— Isabelle, cesse ta pénitence et ne t'inquiète plus. Ce n'est pas dans la douleur, mais dans le divertissement et la fête que tu trouveras le moyen de réveiller ta fille.

La reine ne doutait pas de l'authenticité de cette voix, mais les paroles divines la déconcertèrent. Divertissement ? Fête ? Quel genre de divertissements ? Quelle sorte de fêtes ? Religieuses ?

— Non, expliqua la voix profonde et divine. Des fêtes laïques, bruyantes, traditionnelles et violentes.

Isabelle détestait les divertissements et les fêtes, mais la voix avait été très claire, ne laissant aucune place au doute : seuls les divertissements et les fêtes de toute nature, sauf religieuse, apporteraient la solution pour mettre un terme au sommeil anormal de Jeanne.

Aux grands d'Espagne stupéfaits et joyeux, la reine annonça la fin du deuil rigoureux décrété à la mort de son fils Ferdinand des mois plus tôt et proclama à la place le retour de la licence, du luxe et des réjouissances.

Lorsque le roi lui demanda la raison de ce revirement, Isabelle lui répondit sur un ton mystérieux :

— Dieu choisit des voies farfelues pour montrer sa puissance et je ne peux que me soumettre à celles-ci, humblement. Je vous conseille de faire de même.

Le royaume de Castille accueillit la nouvelle avec joie. L'austère Alcazar fut envahi par des cirques, des prostituées, des aventuriers, des musiciens et des troupes de théâtre ; l'une d'elles, de grande renommée, dressa une scène au milieu de la cour du palais. Le nom du spectacle, *La Belle au Bois dormant*, troubla la reine qui y vit un nouveau signe divin et la résolution imminente du mal de l'infante. Elle décida donc d'honorer la première représentation de sa sévère présence.

Le narrateur prit la parole :

À l'origine de cette histoire se trouve un événement survenu il y a plusieurs siècles. Tout commença avec le baptême de la fille d'un roi. Le roi invita toutes les fées du pays, qui accoururent avec l'intention d'accorder au bébé leurs meilleurs dons ; mais il en oublia une, la fée Maléfique. Bien qu'éconduite, celle-ci se présenta au banquet, disposée elle aussi à accorder un don à l'enfant.

— Si un jour elle se pique le doigt, elle mourra, dit-elle.

Heureusement, une des bonnes fées atténua cette malédiction :

— Elle ne mourra pas mais sera plongée dans un sommeil profond, et seul le baiser d'un prince la réveillera.

Effrayé, le roi fit disparaître toutes les aiguilles du pays, mais ne put empêcher la fée Maléfique de se déguiser en vieille fileuse. C'est ainsi qu'elle se retrouva face à la jeune princesse, intriguée par la quenouille au fuseau pointu car elle n'avait jamais vu un tel objet. Elle demanda à la vieille femme de quoi il s'agissait. C'est une quenouille, lui répondit la fée Maléfique avec un sourire. Voyant qu'elle plaisait à la jeune fille, elle la lui offrit et disparut aussitôt. La princesse, qui ignorait le maniement de l'étrange instrument, se piqua et s'endormit sur-le-champ.

À ces paroles, Isabelle et Ferdinand échangèrent un regard méfiant. Mais le narrateur continua son récit :

Le roi ordonna au pays tout entier d'accompagner la princesse dans son sommeil, afin qu'elle ne remarque aucun changement autour d'elle quand elle se réveillerait. Et c'est ainsi que tout le peuple, y compris les animaux, s'endormit. Un jour, par hasard, un prince étranger passa par là. Lorsqu'il vit la princesse paisiblement endormie, il ne put résister à la tentation de l'embrasser. C'était la plus belle créature qu'il ait jamais vue. La princesse se réveilla, et avec elle le pays entier, hommes et bêtes. La vie reprit son cours heureux. Le prince et la princesse se marièrent, et quelque temps plus tard le ciel les bénit avec la naissance d'une petite fille qui promettait d'être aussi belle que sa mère.

Tout fut merveilleux jusqu'au jour où la jeune fille connut fortuitement le même sort. Son père ordonna à nouveau au pays de dormir et un autre étranger la réveilla d'un baiser passionné. Le phénomène se répéta pendant plusieurs générations, et on finit par admettre qu'il s'agissait d'une malédiction héréditaire. Ce fut une terrible découverte, car avec le temps le pays avait changé et le peuple ne se soumettait pas sans révolte à des lois arbitraires telles que le sommeil obligatoire.

Les rois adoptèrent différentes décisions dans le but de sauver leurs héritières de ce terrible mal. L'un d'eux, par exemple, eut une idée qui, même si elle n'était pas parfaite, du moins n'impliquait en rien le peuple. Il invita tous les princes du monde à venir visiter le royaume pour choisir parmi eux le futur époux de sa fille, héritière du trône.

Princes, charlatans, aventuriers accoururent de partout, rêvant d'obtenir la belle princesse et, avec elle, la Couronne.

Le long chapelet de prétendants se mit à défiler dans les appartements royaux pour embrasser la jeune fille, mais aucun d'eux n'arrivait à la réveiller. Les rois assistaient à la fastidieuse cérémonie avec une inquiétude croissante.

La moitié des prétendants était déjà passée quand on entendit des éclats de voix dans la file. Le vacarme parvint jusqu'aux oreilles des souverains qui allèrent voir ce qui se passait. La raison du brouhaha était la présence parmi les prétendants de Daniel, fils de Brígida, la cuisinière, qui adorait la princesse. Tous deux avaient été, enfants, d'inséparables camarades de jeux.

— Que veux-tu, Daniel ? lui demanda la reine, agacée.

— Réveiller la princesse, Majesté.

La reine fut touchée par cette attitude pleine de naïveté, mais elle avertit le jeune homme :

— Tu ne peux pas concourir, Daniel, tu ne possèdes aucun titre.

— Je ne prétends à aucune richesse, répliqua le garçon. Tout ce que je veux, c'est réveiller la princesse, je souffre beaucoup de la voir ainsi, comme si elle était morte. Alors qu'eux tous, regardez-les ! Tout ce qui les intéresse, c'est de s'emparer de sa dot. Moi je n'ai nulle autre ambition que de lui rendre la vie.

Face à ce désintéressement, la reine se sentit à court d'arguments.

— Ce n'est pas possible, Daniel, dit le roi.

Le jeune homme quitta la file, tête basse. Accablé par la décision royale, il tomba malade. Il ne mangeait plus, ne parlait plus, ne riait plus. Sa mère, poussée par la maladie soudaine de son fils, osa se présenter dans les appartements royaux. À ce moment-là, le dernier prétendant était en train de déposer un inutile baiser sur les lèvres de la princesse.

— Brígida, comment oses-tu pénétrer dans nos appartements ? lui reprocha la reine.

Les vrais souverains, c'est-à-dire Isabelle et Ferdinand, suivaient avec attention les aléas de l'histoire, entourés de spectateurs courtisans aussi captivés qu'eux par les comédiens.

— Je ne serais jamais venue, Majesté, si ce n'était pas de la plus haute importance, répondit la cuisinière.

— Que se passe-t-il ? demanda le roi.

La pauvre femme ne savait pas comment commencer.

— Je dois vous révéler un secret. Je ne l'aurais jamais fait si Daniel n'avait pas été gravement malade. Vos Majestés se souviennent-elles de la visite du roi du Pays Voisin, il y a dix-huit ans ?

Les souverains acquiescèrent.

— Eh bien… Daniel est le fruit de cette visite.

— Comment ? s'exclamèrent en chœur les rois.

— Oui, nous avons vécu une brève mais intense histoire d'amour. Je n'ai rien voulu dire à l'enfant…

— Il ne le sait pas ? interrogea la reine, hautement intriguée.

— Non. Je me suis promis à moi-même de garder le secret, mais je n'ai pas supporté que Daniel me dise qu'il ne pouvait pas embrasser la princesse parce qu'il n'avait pas de sang royal. Car c'est faux. J'ai beau n'être qu'une humble cuisinière, le père de Daniel est un roi !

La révélation de Brígida laissa sans voix les monarques de l'histoire.

— Tout bien considéré, dit le roi à la reine, nous n'avons rien à perdre. Qu'il essaie. Au bout du compte, aucun prétendant officiel n'a réussi à réveiller notre fille.

Daniel guérit aussitôt et se précipita auprès de la princesse.

Il l'embrassa avec amour et le miracle eut lieu. Pour le bonheur de tous, la princesse se réveilla.

Dans l'épilogue, les souverains de l'histoire invitaient le roi du Pays Voisin, veuf depuis peu et sans héritier, qui retrouvait celle qu'il avait aimée, Brígida, la cuisinière, et le fruit méconnu de leurs amours, le jeune Daniel. Tout se terminait par deux mariages : l'héritière réveillée avec le jeune et nouvel héritier Daniel, et le roi du Pays Voisin avec la cuisinière Brígida.

À la fin de la pièce, la joie envahit la scène et les courtisans spectateurs applaudirent avec enthousiasme. La Reine Catholique avait le regard perdu, plongée dans ses pensées. En revanche, la similitude entre la fiction et le sommeil ininterrompu de leur fille avait rendu furieux Ferdinand, qui voulut faire arrêter les comédiens pour savoir qui leur avait parlé de Jeanne. La reine l'en empêcha. Une fois de retour dans leurs appartements, Ferdinand exprima toute son indignation.

— C'est une farce inadmissible !

— Vous, Roi Catholique prudent et diplomate, vous êtes incapable de voir plus loin que le bout de votre nez, lui reprocha Isabelle avec une satisfaction sereine. Dieu s'est manifesté à travers ces comédiens.

— Que me racontez-vous ? Vous n'allez pas me dire que vous avez l'intention d'inviter tous les princes d'Europe à venir embrasser notre fille ?

— Donnez-moi le temps de réfléchir – jusqu'à ce jour, Isabelle avait toujours obtenu ce qu'elle voulait. Nous vivons une situation extraordinaire, la solution doit l'être aussi, dit-elle en guise d'explication.

Au cours des journées suivantes, la reine oublia ses tourments pour finaliser son plan, espérant que celui-ci parviendrait à mettre un terme au sommeil prolongé de sa fille. Une fois qu'elle l'eut parfaitement en tête, elle le confia à son époux.

— Tout ceci est fou, je le sais, mais vous me connaissez : je suis téméraire par nature. Le plan auquel j'ai pensé pour réveiller Jeanne peut paraître absurde, de fait il l'est, en cas d'échec nous sombrerons dans le ridicule le plus profond, mais vous n'ignorez pas combien cela m'est indifférent.

— Parlez, par Dieu, la pressa le roi.

— Comme vous pouvez l'imaginer, ce n'est pas au hasard mais à la Providence que nous devons la venue opportune de ces comédiens qui nous ont donné l'explication du mal dont souffre notre fille...

Ferdinand la regardait avec impatience. Il aurait préféré ne pas comprendre ce que son épouse insinuait.

— Isabelle, c'était du théâtre, un conte pour enfants qui devrait uniquement éveiller vos soupçons.

— Soupçons ? La réalité, c'est que notre Jeanne dort depuis cinq mois et qu'au moment même où Dieu m'ordonne d'abandonner ma pénitence et de me distraire débarque une troupe de comédiens avec une pièce sur le thème d'une malédiction héréditaire à cause de laquelle une princesse dort jusqu'à ce que le prince qui lui convient l'embrasse…

— Si cette absurde malédiction était vraie, nous l'aurions déjà su.

— L'hérédité est quelque chose de mystérieux, elle ne se manifeste pas aussi clairement.

— Et que proposez-vous ?

— Jeanne doit être embrassée par l'homme qui l'épousera.

— Mais Jeanne sera reine, elle ne peut pas épouser n'importe qui.

— J'y ai pensé. Il serait dans notre intérêt que Jeanne s'unisse au prince Philippe, le fils de Maximilien d'Autriche, qui depuis la mort prématurée de sa mère est déjà souverain de Flandre et de Bourgogne. En lui nous trouverons un bon allié contre notre éternel ennemi, le roi de France. Que vous semble ce choix ?

— Parfait, mais comment pensez-vous attirer Philippe ?

— Nous annoncerons ses fiançailles avec notre fille et lui proposerons de venir chercher sa future épouse. Jeanne possède assez d'attraits pour intéresser le jeune archiduc. Sous prétexte que l'infante est trop jeune pour entreprendre le long voyage vers la Flandre, nous le ferons venir à sa rencontre.

— Ce n'est pas très courant, mais nous pouvons le tenter. Et une fois qu'il sera ici ?

— Nous ferons en sorte qu'il l'embrasse.

Les Rois Catholiques décidèrent de prendre le risque de cette aventure excentrique et envoyèrent en Flandre une délégation officielle pour négocier leurs propositions. L'archiduc accepta les fiançailles et l'invitation à venir rencontrer ses nouveaux parents.

Philippe entreprit le voyage avec un cortège d'élégants Flamands qui, dès qu'ils franchirent les Pyrénées, ne laissèrent pas d'être surpris par les curiosités du pays.

Quand ils arrivèrent à Tolède, au terme de plusieurs semaines de voyage, les rois accueillirent Philippe comme un fils et le menèrent en personne dans les appartements de l'infante.

— En ce moment elle dort, lui expliqua la reine, mais elle sera heureuse de vous trouver à ses côtés à son réveil.

Philippe trouva ce comportement aussi charmant qu'insolite. Dans nulle autre cour européenne, honnêtement, cette situation n'aurait été imaginable. Mais en Espagne, rien ne l'étonnait.

Jeanne attendait son fiancé couchée, luxueusement vêtue et endormie comme une souche.

— Elle est très belle, commenta Philippe à voix basse, amusé par ce manquement au protocole.

— Oui, confirma la reine. Embrassez-la, n'ayez pas peur. Vous êtes fiancés.

Il ne s'attendait pas à pareille proposition de la part d'une souveraine aussi puritaine, mais il commençait à s'accoutumer aux perpétuelles surprises que la vie castillane lui réservait. Philippe se pencha sur l'infante endormie et l'embrassa. Même lui, qui ignorait l'importance de ce baiser, perçut la fébrilité autour de lui. Retenant leur souffle, en proie à une tension indescriptible, les souverains observaient Philippe, un peu mal à l'aise, effleurer les lèvres de Jeanne. Mais une fois de plus, Isabelle vit ses plans couronnés de succès. Car enfin, au bout de dix mois, Jeanne ouvrit les yeux. Son visage ne pouvait pas être plus émerveillé.

Lorsqu'elle aperçut le beau Flamand qui la contemplait tendrement, la jeune fille crut qu'elle était encore endormie.

— Alors… ce n'était pas un rêve ? demanda l'infante.

La reine ne put contenir sa joie.

— De quoi parlez-vous, ma fille ?

— Pendant que je dormais, j'ai fait un rêve dans lequel un prince venait d'un pays lointain pour m'emmener et m'épouser.

— En effet, l'archiduc de Bourgogne est venu pour vous rencontrer avant que vous ne repartiez ensemble en Flandre, annonça son père, où vos noces seront célébrées.

L'infante se redressa.

Elle est adorable, pensa Philippe après l'avoir entendue.

Jeanne lui touchait les joues comme pour se convaincre que tout ça était vrai.

— Oh ! Je n'arrive pas à le croire !

Une fois seuls avec leur fille, les souverains lui expliquèrent le miracle dont elle avait été l'objet. La reine insista sur le fait que ce mal mystérieux ne devait pas être mentionné. Tout ce qu'il restait à faire, c'était remercier Dieu de son aide et informer minutieusement Jeanne de ce qui s'était passé dans le monde au cours des derniers mois, pour qu'elle puisse en tenir compte lors de ses futures conversations flamandes.

À peine quelques semaines plus tard, les jeunes gens partaient pour la Flandre où, parmi des manifestations de liesse populaire, ils célébrèrent leurs noces. Les festivités durèrent plusieurs jours. L'archiduc aimait beaucoup les divertissements.

L'infante espagnole dut faire de gros efforts pour s'adapter à son nouveau pays et à sa nouvelle situation. Cette tâche lui aurait semblé ingrate si la récompense n'en avait pas valu largement la peine.

Philippe réalisait tous ses fantasmes de jeune fille. Lorsqu'elle avait ouvert les yeux après dix mois d'un sommeil ininterrompu, Jeanne avait su qu'il était l'homme de sa vie, et le lendemain de leur première nuit d'amour elle se promit de défendre cette passion légitime bec et ongles si nécessaire.

Elle ne manqua pas d'occasions pour le prouver, car son époux était une tentation permanente pour les dames de la cour flamande. Philippe était frivole et séduisant, brillant orateur et excellent athlète.

Souvent, quand un tournoi était célébré en son honneur, il participait en personne, spontanément, et emportait toujours la victoire. C'était en définitive un jeune homme fascinant qui adorait fasciner et, plus d'une fois, l'archiduc hédoniste se laissa entraîner dans des écarts momentanés qui lui donnèrent l'occasion de découvrir une Jeanne intolérante et férocement jalouse.

Entre violentes scènes de ménage et inoubliables journées de tête-à-tête amoureux, les années passèrent à la cour flamande. De multiples événements avaient changé la situation des archiducs en Espagne. La reine Isabelle était morte et Jeanne, sans y avoir pensé car elle n'avait pas la tête à ça, était devenue l'héritière du trône de Castille. Les époux devaient se rendre dans son pays natal, en proie à une certaine agitation en raison du trône laissé vacant. Une fois sur place, Jeanne découvrit rapidement les ambitions de son père et de son mari. L'un comme l'autre tenta de s'opposer à elle et elle décida que si ce trône suscitait de telles mesquineries, elle ne le partagerait avec personne. Jeanne était l'unique héritière et l'unique reine que le peuple soutenait et reconnaissait.

La tension était à son comble quand survint un malheur qui allait changer le cours de l'histoire. Philippe tomba gravement malade. Au cours des jours que dura son agonie, Jeanne ne mangea pas, ne dormit pas, ne prit aucun soin de son apparence. Elle ne s'intéressa pas davantage, et même encore moins, à ses responsabilités de reine. Pour elle, seule existait cette vie qui s'éteignait de manière irrémédiable.

Jeanne n'accepta jamais la mort de Philippe. Impossible de la raisonner. Ce fut le début de son long calvaire. Sans tenir compte des conseils de son père, elle fit décorer le corps de son époux avec des fleurs et des bijoux : elle désirait qu'il soit heureux quand il se réveillerait.

— Mais, ma fille, lui répétait Ferdinand. Vous ne pouvez pas passer nuit et jour auprès d'un cadavre.

— Un cadavre ? Philippe n'est pas mort, il est seulement endormi. Il a besoin de se reposer après avoir autant joué à la pelote. Il fait trop d'exercice. Souvenez-vous qu'il n'est pas si étrange de dormir pendant des mois, cela m'est arrivé à moi-même pendant presque un an.

— Je comprends votre peine, ma fille, mais vous avez hérité de nombreuses responsabilités et vous ne pouvez pas les dédaigner.

— Occupez-vous-en, au bout du compte vous avez toujours intrigué dans ce but. Qui aurait pu dire que le sommeil de Philippe vous placerait sur le trône ! La vie est paradoxale. Persuadez les nobles que je suis folle, vous en avez aujourd'hui l'occasion plus que jamais. Faites courir la rumeur que je vis avec un cadavre et vous obtiendrez l'autorisation de régner sur la Castille. Rien ne m'importe, sauf le devoir de rester avec Philippe jusqu'à ce qu'il se réveille.

En effet, Ferdinand se trouvait dans une situation étonnamment favorable.

— Dites bien au peuple castillan que Philippe n'est pas mort, qu'il est juste endormi, et que vous prenez ma place jusqu'à ce qu'il se réveille. En tant que fidèle épouse, ma place est à ses côtés.

Pour Ferdinand, la folie de Jeanne était indéniable. Selon le testament d'Isabelle, il pouvait uniquement prétendre à la régence de la Castille si sa fille était déclarée inapte. Son petit-fils Charles était encore un enfant et ne vivait pas en Espagne. À la mort de Jeanne, Charles deviendrait roi, mais en attendant il n'avait aucun droit. Bien que persuadé de l'incapacité mentale de Jeanne, le Roi Catholique n'avait pas toutes les cartes en main et craignait que sa fille se suicide dans une crise de désespoir. Dans ce cas, la régence lui échapperait et Charles deviendrait automatiquement roi de Castille.

Pendant plusieurs jours, Jeanne attendit ardemment que le cadavre de son époux s'éveille. Pas un instant elle ne quitta son chevet, mais la mort était la plus puissante rivale que la reine ait jamais eu à affronter. Constatant que la patience n'était pas une arme efficace, elle se résolut à agir. Dans un premier temps, elle fit transporter Philippe à Grenade, où il avait lui-même exprimé la volonté d'être enterré. Elle expliqua cette décision à son père :

— S'il est encore vivant, il se rendra compte que je l'emmène vers son tombeau et se réveillera pour m'en dissuader.

Ferdinand ne put empêcher le départ du cortège nécrophile. Dans chaque lieu où ils s'installaient pour la nuit, la reine ordonnait d'éclairer le cercueil avec des torches afin que le cadavre ne demeure pas dans le noir et trouve de la lumière lorsqu'il ouvrirait les yeux. Mais ils n'arrivèrent jamais à Grenade. Ferdinand fomenta un plan pour en finir avec ce sinistre spectacle. Par différentes ruses, il trompa Jeanne et la dirigea avec son époux mort à Tordesillas. Pour alimenter son obsession, le Roi Catholique fit transporter le cadavre là-bas et l'encouragea à veiller sur lui. Maintenant que Ferdinand avait accédé au trône, il n'avait plus intérêt à ce que Jeanne retrouve la raison : si cela se produisait, toutes ses intrigues pour conserver la Couronne de Castille n'auraient servi à rien.

À Tordesillas, Jeanne vécut pendant des années dans la misère, la folie et les mauvais traitements. Tant que Philippe demeurerait mort, elle continuerait de lui manifester son absolue fidélité. Et s'il y avait la moindre possibilité pour que la reine retrouve le sens des réalités, ses gardiens s'arrangeaient pour lui donner de fausses nouvelles sur ce qui se passait dans le pays et en Europe, afin que toute personne qui aurait eu l'occasion de s'entretenir avec elle ne doute pas un instant de sa folie.

Ferdinand mourut quelques années plus tard, mais on ne daigna pas en informer Jeanne. Jamais elle n'aurait pu imaginer ni rêver qu'elle était alors la plus puissante souveraine d'Europe ; au contraire, elle était dans un état de déchéance physique terrible et en haillons, une véritable morte-vivante. De même que la mort s'était acharnée sur son jeune et vigoureux mari, la vie l'avait emprisonnée, elle, entre ses griffes puissantes, et peu lui importaient la misère et la crasse de son corps et de sa tête.

Son fils Charles arriva alors pour prendre possession de la Couronne. Toutes les charges importantes furent attribuées à des étrangers dont l'unique préoccupation était de s'enrichir et d'enrichir leurs maisons et leurs femmes en Flandre, au détriment des Espagnols. Jeanne devait rester cachée, car elle était la reine légitime et il fallait que le peuple continue de la croire totalement folle. Charles durcit les conditions de son enfermement, chargeant le marquis de Dénia et son épouse de cette délicate mission. Comme Jeanne n'était pas facile à dompter, ses gardiens n'hésitèrent pas à augmenter la violence de ses châtiments. En réalité, ils essayaient de précipiter la mort de la reine, mais ce spectre possédait une vitalité surhumaine.

Au terme de plusieurs années d'horreur, Jeanne, dont la principale compagnie avait été le corps de Philippe, devenu un squelette, commença à sortir de sa léthargie. Elle avait trop souffert pendant toute cette attente, et même si son amour n'avait pas diminué, elle n'avait plus la force de continuer.

Un jour, elle appela sa gardienne et lui demanda une aiguille.

— Il ne convient pas à une reine de porter des haillons. Je vais me coudre moi-même des vêtements.

Poliment, et avec une grande lucidité, Jeanne mentit sur l'usage qu'elle pensait faire de l'aiguille. Son apparence était tellement négligée que sa demande paraissait légitime.

« Notre reine a recouvré la raison », pensa la gardienne, émerveillée et apeurée.

Lorsque la femme la laissa seule après lui avoir remis l'aiguille, Jeanne se piqua à plusieurs reprises le bout des doigts.

— Je veux dormir, répétait-elle à l'esprit de l'aiguille pointue. Je veux dormir. Je ne veux être dans ce monde qu'endormie. Le sommeil me délivrera de toutes les horreurs.

Et elle continua de se piquer.

Quand la gardienne raconta au marquis de Dénia la requête de la reine, il lui reprocha d'y avoir accédé sans lui en avoir parlé au préalable. Jeanne devait demeurer recluse et folle. Il était impératif d'éteindre et d'étouffer la moindre lueur de lucidité.

Le marquis lui rendit visite dans sa cellule et la trouva en train de se répéter à elle-même qu'elle voulait s'endormir pour toujours. Il fut rassuré : elle n'était pas près de retrouver la raison. Il fut néanmoins étonné que Jeanne ait conservé tout son charisme. Elle ignorait que c'était désormais son fils Charles qui était le responsable de son enfermement.

Le marquis lui demanda gentiment l'aiguille, mais Jeanne, futée, prétendit l'avoir perdue. Au cours des jours suivants, elle s'en servit à nouveau, mais l'aiguille pointue ne répondait pas à son désir d'évasion. Finalement, puisque son amour pour Philippe n'était pas récompensé et que la vie ne voulait pas la quitter, elle décida d'accepter la réalité, d'assumer ses responsabilités et de jouir de ses privilèges. La première consistait à voir son père et à réunir les grands d'Espagne qui lui étaient restés fidèles pour préparer son retour à la vie publique.

— Pour tout cela, j'exige d'être vêtue comme une souveraine. Et ceux qui ne font pas ce que j'ordonne, je les ferai exécuter, menaça-t-elle le marquis de Dénia.

Le marquis fit mine de jouer le jeu et disparut de sa vue.

Dévastés par des années de souffrance due à l'avarice des Flamands, les malheureux Castillans auraient préféré les caprices d'une reine folle à la tyrannie de ces êtres sans cœur. Aussi démente que fût Jeanne, elle n'aurait pas pu ruiner davantage le pays qu'ils l'avaient fait, et même dans ce cas, ça n'aurait pas été par mesquinerie, mais par amour insensé pour un mort.

Jeanne était entourée d'une incroyable aura qui allait au-delà de son existence mouvementée. Cette ineffable légende était précisément ce qui l'élevait, aux yeux du peuple, au-dessus de ses minables contemporains.

Jeanne représentait l'amour désintéressé, la volonté insoumise, la résistance passive et le délire de l'imagination, des qualités tout aussi dangereuses qu'admirables et insolites. Les Castillans devinèrent que leur reine était, comme eux, victime des manigances de son fils ; à un moment, leur patience fut à bout et, dans la ville de Tolède, ils se soulevèrent contre le roi absent et ses indésirables ministres. Tolède fut bientôt rejointe par Ségovie, Zamora, Madrid, Guadalajara et Toro. Le peuple castillan méprisé se révolta violemment contre les abus de son roi et de ses amis flamands. Paradoxalement, à la même époque, Charles – grâce à l'or espagnol – arrachait le trône d'Allemagne à ses rudes adversaires et réalisait le rêve d'un empire universel des Habsbourg. Des hauteurs où il se trouvait, Charles ne pouvait pas imaginer que le fantôme de sa mère démente allait devenir l'étendard du malheureux peuple castillan, ni qu'au cri de « Vive la Reine Folle » celui-ci exterminerait sans pitié les quelques dirigeants qui étaient restés en Espagne et ne s'étaient pas rendus à son couronnement.

Les *comuneros*, ainsi qu'on appela les révolutionnaires, allèrent à Tordesillas pour libérer leur reine du diabolique marquis de Dénia. Ils eurent du mal à reconnaître dans cette maigre et miteuse silhouette la fille de l'illustre Isabelle. Il est impossible de décrire leur émotion quand ils découvrirent dans quel état Ferdinand et Charles avaient maintenu la reine. À la demande expresse de Charles, Jeanne n'avait pas été informée de la mort de son père ; elle ne savait pas non plus que son fils avait succédé à Maximilien d'Autriche. Elle pouvait encore moins deviner que l'invasion étrangère, non contente d'usurper le pouvoir, avait bafoué l'honneur de son peuple et décimé son économie. C'était trop d'informations d'un coup mais, à la surprise générale, la reine ne se démonta pas et fit preuve d'un courage et d'une volonté inespérés. Les *comuneros* lui confièrent le pouvoir et elle l'accepta.

Elle demanda pardon pour son aspect lamentable et renia son fils et son père défunt pour avoir été si cruels avec elle et avec son peuple.

Charles se trouvait à Francfort quand il apprit la nouvelle du soulèvement populaire et le rétablissement de la couronne de Castille sur la tête de Jeanne. Dans une lettre furieuse, pleine de reproches, sa mère lui rendit compte de la situation : s'il revenait en Espagne, la justice se chargerait de décider de l'avenir qu'il méritait, comme elle l'avait déjà fait pour tous ses favoris. Charles se mit en colère, menaçant de mort sa mère et tous ceux susceptibles de la soutenir, mais avec le temps il finit par regretter sa vantardise et se résigna à l'exil.

(Jeanne, qui en réalité était une mère aimante, l'autorisa plus tard à rentrer. À cette époque, Charles s'était déjà repenti de ses fautes et il se retira au monastère hiéronymite de Yuste, où il mourut en odeur de sainteté.)

La Castille, après avoir lavé son honneur dans le sang, connut une période bienheureuse sous l'arbitrage de la reine Jeanne et de son époux Philippe qui, embaumé, présidait à ses côtés.

— Il aura fini par obtenir ce qu'il convoitait, avoua la reine aux Cortes à propos de son rigide époux, porter la couronne de Castille, même si elle ne sera pour lui qu'un ornement malheureusement.

Le peuple tout entier et les Cortes acceptèrent ce roi momie ; ils respectèrent et adorèrent leur reine qui démontra pour les affaires d'État une vivacité et une intelligence inhabituelles. Jeanne vivait enfin une existence digne d'un être humain. Elle sut s'accoutumer à la passivité de Philippe et employa tous ses efforts à redonner bien-être et richesse à ses sujets. L'Histoire lui consacre des pages glorieuses et la distingue de toutes les présences féminines de son temps, faisant d'elle le symbole du caractère sublime et irrationnel de l'âme espagnole.

Le dernier rêve

Quand je sors dans la rue, le samedi, je m'aperçois qu'il fait très beau. C'est le premier jour avec du soleil et sans ma mère. Je pleure derrière mes lunettes. Je le ferai souvent au long de la journée.

Après une nuit sans sommeil, je marche comme un orphelin jusqu'au moment où je trouve un taxi qui me conduit au funérarium.

J'ai beau ne pas avoir été un fils très présent et débordant d'affection, ma mère est un personnage essentiel dans ma vie. Je n'ai pas eu la délicatesse d'inclure son nom dans mon identité publique, comme elle l'aurait aimé. « Tu t'appelles Pedro Almodóvar Caballero. Qu'est-ce que ça veut dire Almodóvar tout court ! », m'a-t-elle reproché un jour, presque offensée.

Les mères ont toujours juste. « Les gens pensent que les enfants, c'est l'histoire d'une journée. Mais ça dure longtemps. Beaucoup plus longtemps », disait Lorca. Les mères non plus ne sont pas l'histoire d'une journée. Et elles n'ont pas besoin de faire quelque chose de spécial pour être primordiales, importantes, inoubliables, didactiques.

J'ai beaucoup appris de ma mère, sans qu'on s'en rende compte elle et moi. J'ai appris une leçon fondamentale pour mon travail, la différence entre la fiction et la réalité, et comment la réalité a besoin d'être complétée par la fiction pour que la vie soit plus agréable.

Je me souviens de ma mère à toutes les périodes de son existence ; la plus épique, peut-être, fut celle où nous habitions dans un village de Badajoz, Orellana la Vieja, pont entre les deux grands univers où j'ai vécu avant d'être englouti par Madrid : La Mancha et l'Estrémadure.

Même si mes sœurs n'aiment pas que je le rappelle, lors de ces premiers pas en Estrémadure, la situation économique de la famille était précaire. Ma mère a toujours été très créative, c'était la personne la plus entreprenante que j'aie jamais connue, « capable de tirer du lait d'une burette », comme on dit dans La Mancha.

La rue où nous vivions était dépourvue de lumière, le sol était en pisé, il n'y avait pas moyen que ça ait l'air propre et dès qu'il pleuvait c'était plein de boue. Elle était située à l'écart du centre du village, et surgissait d'une terre argileuse. Je ne crois pas que les filles auraient pu marcher avec des talons. Pour moi ce n'était pas une rue, ça me faisait davantage penser à un village dans un western.

Vivre là, c'était dur, mais pas cher. En contrepartie, nos voisins se sont révélés être des gens merveilleux et très accueillants. Ils étaient également analphabètes.

En complément du salaire de mon père, ma mère s'est lancée dans le commerce de la lecture et de l'écriture de lettres, comme dans le film *Central do*

Brasil. J'avais huit ans, généralement c'était moi qui écrivais les lettres et elle qui lisait celles que nos voisins recevaient. Plus d'une fois, observant le texte que ma mère lisait, je découvrais avec stupeur qu'il ne correspondait pas exactement à ce qui était écrit : ma mère en inventait une partie. Les voisines ne se doutaient de rien, car ce qu'elle inventait était toujours un prolongement de leurs vies, et elles demeuraient après la lecture dans un état d'enchantement.

Un jour, sur le chemin de retour à la maison, après avoir eu confirmation que ma mère ne respectait jamais le texte original, je le lui ai reproché : « Pourquoi tu as lu qu'elle pense beaucoup à sa grand-mère et regrette le temps où elle la coiffait devant la porte, dans la rue, avec une bassine pleine d'eau ? Il n'est même pas question de la grand-mère dans la lettre. » « Mais tu as vu comme ça lui a fait plaisir ! » m'a-t-elle répondu.

Elle avait raison. Ma mère comblait les vides dans les lettres, lisait aux voisines ce qu'elles voulaient entendre, des choses que l'auteur avait probablement oubliées et auxquelles il aurait volontiers souscrit.

Ces improvisations constituaient une grande leçon pour moi. Comme je l'ai dit, elles établissaient la différence entre la fiction et la réalité, et montraient combien la réalité requiert la fiction pour être plus complète, plus belle, plus vivable.

Pour un narrateur, c'est une leçon capitale. Je l'ai comprise avec le temps.

Ma mère a quitté ce monde exactement comme elle l'aurait aimé. Et ce n'est pas un hasard : elle l'avait décidé ainsi, je l'apprends aujourd'hui même, au funérarium. Il y a vingt ans, ma mère a dit à ma sœur aînée, Antonia, que le moment était venu de préparer sa tenue d'enterrement.

« Nous sommes allées rue Postas, me raconte ma sœur devant le cadavre de notre mère vêtue de cette tenue, acheter l'habit de saint Antoine, marron, avec le cordon. » Ma mère lui avait également demandé qu'on épingle l'insigne de ce saint sur sa poitrine. Et les scapulaires de Notre-Dame-des-Douleurs. Et la médaille de saint Isidore. Et qu'on place un rosaire entre ses mains. « Un vieux, avait-elle spécifié à ma sœur, les neufs, gardez-les pour vous deux (elle et ma sœur María Jesús). » Elles avaient aussi acheté une sorte de petit châle noir pour couvrir sa tête, qui encadrait à présent son corps jusqu'à la taille.

J'ai interrogé ma sœur sur la signification du petit châle noir. Autrefois, les veuves portaient un voile en crêpe noir, très épais, pour signaler leur chagrin et leur deuil. Avec les années, le chagrin diminuait et le voile raccourcissait. Au début il descendait quasiment jusqu'à la taille et, à la fin, arrivait seulement aux épaules. Cette explication m'a fait songer que ma mère désirait s'en aller en tenue officielle de veuve. Mon père est mort il y a vingt ans, mais bien entendu il n'y a jamais eu d'autre homme ni mari pour elle. Elle souhaitait aussi être pieds nus, sans bas ni chaussures. « Si on m'attache les pieds, avait-elle dit à ma sœur, détachez-les quand on me mettra dans la tombe. Là où je vais, je veux être légère. »

Elle avait aussi demandé une messe complète, pas seulement une bénédiction. C'est ce que nous avons donc fait et tout le village (Calzada de Calatrava) est venu nous faire le signe de tête (la « *cabezada* »), comme on appelle là-bas les condoléances.

Ma mère aurait apprécié le nombre de bouquets de fleurs qu'il y avait sur l'autel, et la foule présente. « Le village tout entier était là » est la plus haute distinction pour ce genre d'événements. C'est ce qu'il s'est passé. Et je lui en suis encore très reconnaissant : merci, Calzada.

Elle aurait aussi été fière des parfaits amphitryons que mes sœurs et mon frère, Antonia, María Jesús et Agustín, ont été, aussi bien à Madrid qu'à Calzada. Pour ma part, je me suis contenté de me laisser porter, le regard brouillé, voyant tout flou autour de moi.

Malgré le marasme dans lequel je suis plongé actuellement à cause des nombreux voyages que je fais (*Tout sur ma mère* sort en ce moment, presque dans le monde entier, et heureusement je m'étais résolu à lui dédier ce film, comme mère et comme actrice ; j'ai beaucoup hésité, je n'ai jamais été vraiment sûr que mes films lui plaisaient), par chance j'étais à Madrid, à ses côtés. Ses quatre enfants ont toujours été avec elle. Deux heures avant que « tout » se déclenche, Agustín et moi sommes allés la voir pendant la demi-heure de visite autorisée dans l'unité de soins intensifs, tandis que mes sœurs étaient dans la salle d'attente.

Ma mère dormait. Nous l'avons réveillée. Elle devait faire un rêve très agréable et tellement prenant qu'il ne l'a pas quittée, même si elle nous parlait avec une parfaite lucidité. Elle a voulu savoir s'il y avait de l'orage ce jour-là et nous avons répondu non. Nous lui avons demandé comment elle se sentait et elle a répondu très bien. Elle a pris des nouvelles des enfants d'Agustín, qui venaient de rentrer de vacances. Mon frère lui a dit qu'il les aurait le week-end et qu'ils déjeuneraient ensemble. Ma mère a voulu savoir s'il avait déjà fait les courses pour le repas et mon frère a répondu oui. Je lui ai dit que je devais partir en Italie deux jours plus tard, pour la promotion, mais que si elle le voulait je resterais à Madrid. Elle m'a dit de partir, de faire ce que j'avais à faire. La seule chose qui l'inquiétait dans ce voyage, c'étaient les enfants d'Agustín. « Et les petits, qui va les garder ? » a-t-elle demandé. Mon frère lui a répondu qu'il ne m'accompagnait pas, il restait là. Ma mère a approuvé. Une infirmière est entrée pour nous informer que la visite était terminée et annoncer à ma mère qu'elle allait lui apporter son plateau-repas. « La nourriture me fera une petite fumée dans le corps », a commenté ma mère. J'ai trouvé cette phrase jolie et étrange.

Trois heures plus tard, elle mourait.

Tout ce qu'elle a dit lors de cette dernière visite, à partir du moment où elle nous a demandé s'il y avait de l'orage, est resté gravé dans ma mémoire. Ce vendredi était un jour ensoleillé et la lumière entrait par la fenêtre. À quel orage ma mère faisait-elle référence dans son dernier rêve ?

PEDRO ALMODÓVAR CABALLERO

Vie et mort de Miguel

Quelques membres de la famille et de futurs amis assistent à la naissance de Miguel. Tous observent attentivement le fossoyeur qui exécute son travail sans hâte. Le visage des plus proches exprime la résignation naturelle et la douleur qu'entraîne un événement aussi triste. Miguel, tous connaissent son nom, va naître dans des circonstances tragiques. Toutes les personnes présentes le savent.

Dès le premier instant, on peut savoir combien de temps va durer la vie du nouveau-né. Selon les règles imprévisibles de la nature, la Vie est une période circonscrite dont les limites sont définies dès la naissance. Les documents avec lesquels naît chaque individu, qui apparaissent spontanément n'importe où, précisent à quelle date le cycle vital prendra fin. Pour certains c'est tôt, pour d'autres tard, dans cette décision personne n'intervient, sauf le Hasard. C'est l'un des grands mystères de l'existence. L'âge du nouveau-né est lié à ce cadre : le début et la fin. Par exemple, une personne née avec quarante ans de vie dira après son premier anniversaire qu'elle vit depuis un an et qu'il lui en reste trente-neuf avant sa Mort.

Miguel n'est pas encore apparu, le fossoyeur est lent. D'après ce qu'on dit de lui, il paraît qu'il va naître assez jeune, sa mère le sait et elle a beaucoup de mal à retenir ses larmes. Le cercueil en bois qui le contient surgit de la profondeur de la fosse. Comme le veut la tradition, ses proches jettent une poignée de terre, avec réticence et peu d'énergie, en guise de salut à celui qui va naître. Ses parents pleurent avec amertume, une de ses tantes console sa mère à grand renfort de lieux communs.

— Peu importe ce que sera sa vie, elle ne durera pas toujours ; à la fin il connaîtra comme nous tous une mort libératrice.

— Je sais que mon pauvre fils naîtra de manière tragique, gémit la mère, transie de douleur.

— Ne pense pas à cela maintenant, insiste la tante.

La mère se lamente :

— Naître si jeune… Miguel n'a jamais fait de mal à personne.

Les hommes chargés de l'extraction sortent le cercueil de Miguel à l'aide de cordes : c'est la première phase de la naissance. Le curé termine la cérémonie par quelques prières, lui souhaitant du bonheur dans son existence future, et les amis de la famille portent le cercueil sur leurs épaules jusqu'à un corbillard qui va le conduire chez lui.

Ses parents, des oncles et tantes, Elena, sa future petite amie et la personne qui en sait le plus sur les circonstances de sa naissance, ainsi que quelques amis de la famille, le suivent en voiture jusqu'à la maison. Une fois là-bas, les gens commencent à prendre congé avec des formules convenues de soutien, proposant leur aide pour quoi que ce soit. La mère les regarde, perdue, elle ne comprend pas à quel type d'aide ils font référence et eux non plus, mais c'est une formule que tout le monde adopte, comme un rituel. Seules restent Elena, la future petite amie, et la tante.

Les employés des pompes funèbres déposent le cercueil dans la chambre et l'ouvrent. On peut alors contempler le corps rigide de Miguel.

On frappe à la porte, c'est une dame qui demande à parler avec la mère de Miguel…

— Elle ne peut pas vous recevoir pour l'instant, l'informe Elena qui vient à sa rencontre.

— Je m'en doute, dit la dame. Je m'explique : j'ai un appartement à louer, ces derniers temps il était inoccupé et aujourd'hui, soudain, je le trouve plein de livres, de vêtements et d'objets appartenant visiblement à un homme jeune. J'ai trouvé ses papiers et j'ai tout de suite pensé que c'était sans doute une naissance. Il y avait l'adresse de ses parents. Si vous voulez récupérer un costume ou autre chose…

— Si tout ce que vous avez trouvé chez vous est à Miguel, j'imagine que cela signifie qu'il vivra là-bas. J'irai juste chercher quelques vêtements. Montrez-moi les papiers, il s'agit peut-être d'une autre naissance.

Elena les lit intégralement.

— En effet, il s'appelle Miguel. Si vous avez découvert votre appartement brusquement occupé, c'est qu'il est sur le point de naître.

— Vous, je vous connais, dit la femme.

— Oui, nous avons dû nous croiser quelquefois.

— C'est ce qu'il me semblait. Avez-vous besoin d'autre chose ?

— Non, merci, il ne reste plus qu'à attendre. Merci d'avoir prévenu.

Elena retourne dans la pièce où on veille le corps de Miguel. Quatre chandeliers entourent le cercueil ouvert. La mère commente :

— Comme il est jeune ! On dirait qu'il dort, étonné et effrayé. Pauvre petit, mon fils ! Ses affaires n'ont pas encore apparu ?

— Si, répond Elena. Une dame vient de passer pour dire où va habiter Miguel après sa naissance.

— Alors il ne sera pas avec nous ? interroge la mère, déçue.

— Non.

— Combien de temps va-t-il vivre ?

— Vingt-cinq ans. Regardez.

La mère saisit avec précipitation les papiers que lui tend Elena, sur lesquels figurent sa date de naissance et celle de sa mort.

— J'aimerais bien aller dans cet appartement pour voir où il va vivre ses premiers jours, dit la mère.

— On n'a pas le temps, s'oppose la tante, et tu n'as rien à faire là-bas. Il faut qu'on se dépêche, avec tout cela il ne devrait plus tarder à naître.

Comme c'est l'usage, ils doivent veiller le futur être. Elena et les membres de la famille qui sont arrivés se relaient dans la pièce. Le temps se traîne lourdement, la nuit paraît interminable. Le lendemain, légèrement plus reposés même s'ils n'ont pas dormi, ceux qui sont encore présents chez les parents se préparent à l'inévitable et dernière étape de la naissance.

Le corps de Miguel, habillé, ne montre aucun signe particulier.

— Que va-t-il devenir, vingt-cinq ans seulement ! crie soudain la mère.

— Déshabillons-le, propose la tante, mettons-lui les vêtements qu'on nous a envoyés de son appartement. On ne voit aucune marque de violence et à son âge c'est rare de naître à cause d'une maladie… L'expression de son visage fait peur – une expression de stupeur et de douleur.

— Oui, pauvre petit ! Déshabillons-le, sanglote la mère.

Ils retirent délicatement son costume sombre et découvrent alors sur sa poitrine une blessure produite par un coup de feu. Elena avait donné à la tante quelques détails tragiques de la naissance de Miguel, mais de manière confuse. La mère pleure à cause de la menace certaine qui pèse sur son fils. Elle voudrait faire quelque chose, l'impuissance face à la tragédie lui déchire le cœur.

— Écoute, ce ne sera pas toujours comme ça, l'encourage la tante. Sa vie connaîtra sûrement aussi des moments de bonheur et de plaisir. Malgré ce rictus, là, c'est un beau garçon. Il tient de ton mari.

Après l'avoir dénudé, ils le lavent et le laissent seul dans la pièce. La fin de la partie la plus douloureuse approche. Il ne reste plus que la naissance concrète. Dans le cas de Miguel, à cause de sa jeunesse et de sa blessure à la poitrine, cette première étape s'annonce pénible, mais pour ses proches la vie continuera d'une autre façon, la douleur actuelle va disparaître et il demeurera, tout au plus, une inquiétude plus ou moins profonde pour le destin de Miguel.

Il est difficile de connaître son futur proche à l'avance et en détail, mais en se fondant sur les conditions de sa naissance – et les circonstances qui entourent celle de Miguel ne sont pas rassurantes –, ils peuvent faire quelques déductions. La blessure à la poitrine annonce un coup de feu qui le fera naître d'ici peu, mais ils ignorent où cela aura lieu. La balle qui provoquera sa naissance va être tirée, le moment approche. On a beau éponger le sang sur sa poitrine, il coule de plus en plus. L'attente paraît interminable aux personnes qui tiennent compagnie aux parents et elles finissent par partir les unes après les autres, y compris la jeune Elena.

La mère est accablée. Les hommes qui viennent chercher Miguel arrivent enfin. Au moment de la séparation la mère crie, folle de douleur, « Non, non, Miguel, non ». Elle sait ce qui va se passer : les hommes vont emporter son fils pour qu'il naisse après avoir reçu un coup de feu. Le déni de la mère montre son impuissance absolue, elle ne peut rien faire pour éviter sa naissance tragique. Le sang de la blessure jaillit à flots. Les hommes prennent le corps, formant un cortège funèbre à la dérive. Ils avancent dans la rue où vivent les parents de Miguel, traversent un parc poussiéreux ; ils semblent marcher sans but, guidés par l'intuition – comme s'ils étaient sous hypnose, ou en transe – pendant vingt minutes, jusqu'à ce que le cadavre, leur glissant des mains, tombe par terre et se redresse dans un étrange mouvement. Lorsqu'il parvient à être complètement vertical, les bras ouverts comme s'il dansait, il pousse un cri sinistre : c'est le cri que tous attendaient, le cri initiatique prouvant que Miguel est vivant. Les hommes qui le portent partent en courant vers un bar situé en face. La scène dure quelques secondes à peine.

Un homme un peu plus âgé que Miguel, le visage défiguré par la haine, lui tire un coup de pistolet depuis le trottoir d'en face (à côté de la porte du bar où viennent d'entrer les porteurs).

Miguel vient de naître, il fait ses premiers pas, à moitié conscient. Sa blessure à la poitrine a subitement disparu. Miguel commence sa vie avec la certitude que quelque chose de fatal va lui arriver et qu'il n'aura ni le temps ni le moyen de l'éviter. L'homme qui lui a tiré dessus du trottoir d'en face lui crie :

— Laisse-la, laisse-la !

Qui est ce type, pourquoi me crie-t-il dessus de cette manière, je ne le connais même pas, se demande

Miguel, contrarié que sa première expérience soit aussi violente. Pourquoi cet homme le menace-t-il avec autant de haine ? Miguel s'avance vers lui et le provoque :

— Si tu continues, j'irai voir la police !

— Tu n'auras pas le temps, et puisque tu ne veux pas la quitter je vais en finir avec toi – et en disant cela, il palpe nerveusement le pistolet qui se trouve dans sa poche, encore chaud.

Miguel, nouveau-né, sans la moindre expérience de ce monde, se demande quelle relation il peut avoir avec cet individu qu'il ne connaît pas. Peu lui importent les intimidations, mais la perspective de devoir agir pour résoudre la situation l'accable. Malgré la haine que le type manifeste à son égard, Miguel n'a rien contre lui et n'a pas envie de lui répondre sur le même ton. Il s'agit probablement d'un malentendu. Il décide donc de se contenir.

— Calme-toi, tu dis n'importe quoi.

— Laisse-la, va-t'en. Pour toi elle ne compte pas tant que ça, tu as d'autres choses dans ta vie, moi je n'ai qu'elle – l'homme le supplie avec moins de vigueur qu'au début.

Miguel voudrait lui dire qu'il ne le connaît pas, tout cela ne le concerne pas, il vient de naître et est complètement seul ; mais l'autre est tellement nerveux qu'il n'ose pas.

— De quoi tu me parles ? De quelle femme ?

— Tu le sais très bien ! Elena, qui d'autre ?

— Elena ?

Il se rappelle vaguement qui est Elena, mais il commence à apprendre à dissimuler. Même s'il se sent toujours menacé, le pistolet demeure dans la poche de l'inconnu, il a moins peur. Il se souvient aussi d'avoir vu cet homme sur une photo. Au fil des minutes, il se ressaisit et comprend peu à peu à quoi se réfère son assassin.

— Tu es fou ! dit Miguel pour se débarrasser de lui.

— Laisse-la, je te préviens, je suis prêt à tout.

Il y a quelque temps, l'inconnu était en couple avec Elena. Il s'appelle Eusebio. Les jours précédant la naissance de Miguel, elle lui a tellement reproché d'en être le responsable que, pour Eusebio, tirer sur lui était devenu inévitable. Aussi, quand il l'a vu sur le trottoir d'en face, transporté par quatre hommes qui l'ont posé par terre, une force intérieure et irrésistible l'a poussé à saisir son pistolet et à lui tirer dessus. On ne peut jamais être sûr de ce qui adviendra, mais si toutes les circonstances nous conduisent vers un acte précis, il n'y a aucun moyen de l'empêcher, c'est quelque chose qui nous dépasse. La vie se déroule en instrumentalisant les individus. Mais tout cela, n'ayant que très peu séjourné parmi les vivants, Miguel l'ignore encore.

— Je suis prêt à tout ! répète Eusebio.

Beaucoup plus tranquille, sans aucune raison, Miguel adopte un ton condescendant afin d'en finir une fois pour toutes avec Eusebio.

— Si ta copine t'a quitté, peu importe avec qui elle est maintenant, oublie-la et accepte la réalité.

— Je ne veux pas l'oublier !

La conversation finit par devenir décousue et Miguel s'ennuie. Tout ce qu'il souhaite, c'est aller boire un verre au bar et se libérer d'Eusebio. Pour s'échapper, il décide de lui donner raison.

— C'est vrai, je pars avec Elena, dit-il, espérant ainsi clore le débat.

— Tu l'avoues donc.

— Je n'en sais rien en réalité, je ne la connais pas. Écoute, mon vieux, je viens de naître, tu l'as vu, et même si mon cerveau fonctionne avec objectivité (d'ailleurs j'ignore ce que ça signifie), j'ai encore du mal à agir.

Mais Eusebio ne veut rien comprendre. L'étrange certitude qu'Elena l'a trompé avec Miguel le torture.

Ils entrent dans le bar. Les hommes qui portaient Miguel jouent aux dominos, assis à une table, mais ne lui adressent pas la parole. Comme s'ils ne le connaissaient pas. Miguel est calme, il veut en finir avec Eusebio qui le suit comme un chien. Soudain, il trouve une telle confiance en lui qu'il lui lance à brûle-pourpoint :

— Eh bien oui, on part ensemble.

— J'avais besoin que tu l'avoues, réplique Eusebio.

— C'est fait.

— Elena m'a dit que vous partiez à l'étranger, mais je n'arrivais pas à la croire.

Eusebio s'est effondré. Il est quasiment en larmes. Miguel observe la poche gonflée de son pantalon.

— Tu portes une arme ?

— Oui, répond Eusebio, lui-même surpris.

— Pour quelle raison ?

— Je ne sais pas.

— Tu vas me laisser tranquille une fois pour toutes ? demande Miguel doucement tandis qu'il commande une bière au comptoir.

Eusebio sort brusquement du bar, regardant sans arrêt derrière lui, comme s'il cherchait quelqu'un.

Après avoir fini sa bière, maintenant qu'il a toute la journée devant lui, Miguel pense à l'échange qu'il vient d'avoir avec l'inconnu. Par curiosité, il aimerait bien rencontrer la fameuse Elena, qui semble être la responsable de la folie d'Eusebio.

Il sort du bar et flâne quelques minutes sans direction précise, c'est la façon de se promener des habitants de la ville. Il s'arrête devant une maison par hasard (l'unique règle qui régit la vie de ses compatriotes). Il appuie sur la sonnette et a un moment d'hésitation. Il est peut-être trop audacieux, mais il est très jeune, il ne sait pas ce qu'est l'audace. Une dame lui ouvre et Miguel demande après Elena. À sa grande surprise apparaît une femme très belle qui l'invite à entrer. Elle est tout à fait familière avec lui et il se sent très à l'aise en sa présence, il a l'impression de la connaître depuis longtemps. Il lui parle de sa rencontre lamentable avec Eusebio. Du coup de feu et de leur conversation tendue jusqu'à ce qu'ils se retrouvent dans le bar. De la façon dont Eusebio est parti, en se retournant sans arrêt, comme s'il cherchait quelqu'un parmi les clients. Un regard de fou.

Sans savoir pourquoi, il l'appelle Elena, et comme elle ne le reprend pas, il continue de lui parler comme s'il s'agissait de la femme à laquelle Eusebio faisait référence. À sa réaction, il s'aperçoit que les craintes et les accusations de l'inconnu n'étaient pas aussi infondées qu'il le croyait.

« Il n'avait donc pas tout à fait tort », pense-t-il.

Elena interrompt ses réflexions, nerveuse.

— Il me fait peur. Eusebio est tellement agressif… je crains qu'il fasse une bêtise. Tu ne peux pas imaginer dans quel état il s'est mis quand je lui ai dit que nous partions. Alors que ça fait des mois que nous sommes séparés. Depuis qu'il est rentré d'Allemagne, on n'a pas passé une seule journée ensemble ! Mais pour lui c'est comme si de rien n'était.

— Ne t'inquiète pas, nous partirons dès que possible. Si nous sommes loin de lui, il nous oubliera plus facilement.

Comme Elena a l'air vraiment préoccupée, il abonde dans son sens. De toute façon, cette femme lui plaît et Miguel suit ses jeunes instincts sans réfléchir. Son avenir est une page blanche, le plus pratique est de se laisser porter par les circonstances au moindre signe d'identification avec celles-ci. C'est vrai qu'il ne connaissait pas Elena, mais sa première impression n'aurait pu être meilleure : ils se comportent comme de vieux amis, et le plus curieux est que cette alchimie amoureuse réciproque et immédiate ne les étonne ni l'un ni l'autre. Si elle veut qu'ils partent ensemble, Miguel ne s'y opposera pas. Si elle se jette dans ses bras et l'embrasse passionnément sur la bouche, comment pourrait-il le refuser, il en avait envie aussi.

Elena lui dit qu'ils doivent filer le plus vite possible, elle n'aime pas ce qui vient de se passer avec Eusebio. Miguel ne va pas la contredire. Il est très agréable de s'abandonner à cette si belle femme.

Depuis qu'il est né, Miguel constate que son existence a été un véritable tourbillon qui l'a entraîné sans qu'il ait prise sur rien. Il est heureux d'avoir rencontré Elena, il est persuadé de l'aimer et ils couchent ensemble aussitôt.

Au bout d'un temps, elle lui propose de réfléchir à leur relation et d'aller vivre à l'étranger, à Paris, par exemple. Il ne répond pas, il avait oublié qu'elle lui en avait déjà parlé.

— C'est curieux comme j'oublie vite ce qui m'arrive. Même des choses importantes, comme te promettre qu'on partira ensemble à Paris.

— Tu es un enfant, dit Elena. J'ai quinze ans de plus que toi, c'est normal que tout te semble étrange. Tu t'habitueras à la fugacité du monde. Un jour, moi-même je disparaîtrai de ta vie et ce sera comme si on ne se connaissait pas.

— Mais on se connaît.

— Bien sûr. Mais il y aura un jour où tu me croiseras dans la rue, je serai probablement avec Eusebio, et tu ne me regarderas même pas car tu m'auras oubliée.

— Je ne crois pas, Elena. Je t'aime et je n'ai pas l'intention de te quitter, encore moins de t'oublier. Dès que tu auras réglé tes affaires avec Eusebio, nous partons.

— Je n'ai rien à régler. Il ne fait plus partie de ma vie, mais il faut que tu fasses attention, il est très obsédé par moi.

— Qui est Eusebio ? demande Miguel.

— Laisse tomber, oublie-le.

— Je viens de l'oublier. Je suis malade ?

Elena sourit, bienveillante.

— Pas du tout. Qu'est-ce que tu racontes !

Une autre surprise est que, spontanément, sans se poser de questions, Miguel se met à écrire des récits, secs, percutants et très vivants, à l'imagination puissante et au style épuré. Cette activité le passionne sur-le-champ et l'unit d'autant plus à Elena qu'elle est sa première et principale lectrice, sa critique et son éditrice. Le moindre de ses écrits est aussitôt lu par Elena. Elle fait preuve d'une grande lucidité pour tout ce qui touche Miguel, le connaît mieux que lui-même. Malgré leur lien intime fort, l'un comme l'autre se sent absolument libre, sans obligations de couple. Bien qu'ils passent pratiquement toutes leurs journées ensemble, ils ont l'impression que leur relation est imprévisible et impromptue, comme si elle était nouvelle. Demeure seulement l'ombre d'Eusebio ; il est parti en Allemagne mais continue de s'immiscer entre eux, avec même plus d'intensité qu'au début. Chaque jour, Elena est de plus en plus inquiète et de moins en moins assurée.

— Il faut que je lui parle, dit-elle, soucieuse.

— Pour quoi faire ? Tu as été claire avec lui.

— Il est très violent. Tu ne le connais pas...

Miguel, en effet, l'a oublié depuis longtemps. Ce prénom lui dit vaguement quelque chose parce qu'il sait qu'Elena a un petit ami en Allemagne qui s'appelle Eusebio. Serait-ce le même ? Sa mémoire est fragile, celle d'Elena aussi.

Sans raison précise, Miguel et Elena se voient moins souvent, leurs rendez-vous s'espacent ; elle, sans raison apparente, se sent davantage liée à Eusebio, même si la compagnie de Miguel lui plaît toujours. Peu après ils ne se croisent plus que par hasard, quand ils se retrouvent avec des amis communs, et apprécient beaucoup ces moments. Ils ne parlent pas du passé et ne sont pas nostalgiques de l'époque où leur relation était plus intime et où ils envisageaient de partir vivre ensemble à Paris. Ils n'ont pas renoncé à leurs projets : c'est juste comme s'ils n'avaient jamais existé.

Malgré son peu d'expérience, Miguel commence à comprendre que le présent domine tout. Autour du présent flotte une sorte de nébuleuse, avant et après, dans laquelle la mémoire existe encore. C'est tout : une nébuleuse qui agrandit le présent de quelques jours seulement, vers le futur et vers le passé.

Naturellement, Elena n'a plus reparlé de quitter Eusebio et Miguel n'y pense même plus. Leurs rencontres sont de plus en plus rares, et quand ils se croisent, ils se comportent comme des inconnus qui se trouvent sympathiques.

Un jour, chez des amis, Miguel tombe sur un recueil de nouvelles signé par un auteur qui porte le même nom que lui, Miguel Castillo. Sur la quatrième de couverture, il découvre sa photo. Il feuillette le livre et son contenu lui semble familier.

— C'est moi ? demande-t-il au propriétaire du livre.

— Évidemment. Je t'ai dit, je l'adore et j'attends le suivant avec impatience.

Miguel le regarde avec stupeur. Comment a-t-il pu oublier ça ? Il est écrivain, et avait commencé à écrire spontanément juste après sa naissance. Il n'a pas arrêté depuis.

Il lui suffit de lire quelques textes pour constater que même s'il écrit toujours avec passion, le résultat est désormais moins bon qu'au début. Cet appauvrissement lui semble être une fatalité. Depuis qu'il est né, la littérature a été son activité la plus importante et, bien que sa pratique n'ait pas diminué avec le temps, son talent, au lieu de se développer, s'est tari.

Il est trop jeune pour comprendre que le sens de la perfection est contraire à celui du temps. Cependant, il continue d'écrire avec le même espoir.

Dans la bibliothèque, chez lui, alors qu'il cherche une œuvre de Pessoa, il tombe sur deux volumes de ses livres. Il ignorait qu'il les possédait. Quand il pense à ce qu'a été sa vie jusque-là, il s'étonne de moins en moins. Il a presque complètement oublié Elena : quelques jours plus tôt, il l'a croisée et ne l'a pas reconnue. Ses amis non plus ne se souvenaient pas qu'ils avaient été ensemble et la lui ont présentée comme s'ils se rencontraient pour la première fois.

Après cette présentation, il ne la reverra plus. Il ne sait pas si elle va rester à Madrid ou aller retrouver définitivement le garçon avec qui elle est. Il ne pense plus à Elena, elle ne lui manque pas : Elena n'existe pas. Après elle il a différentes aventures, mais aucune ne laisse de trace. Rien ne laisse de trace. Il se sent orphelin et vide, même s'il a des parents qui lui demandent régulièrement de venir vivre avec eux.

Il relit souvent les textes de son livre, et c'est une merveilleuse sensation de se reconnaître en eux. Il essaie en vain de se souvenir quand il les a écrits. Ses nouveaux récits ne sont pas aussi bons que ceux-là, il ne comprend pas pourquoi, il y met pourtant la même discipline et la même passion.

Il s'habitue à ne pas toujours saisir ce qui se passe dans sa vie et apprend à l'accepter ainsi. Il n'a pas gagné beaucoup d'argent avec son livre, mais avoir réussi à le faire publier lui donne confiance en lui.

Las de Madrid, et malgré l'avis de ses parents, il part à Londres. Il vit de petits boulots. Au bout de quelques mois il revient à Madrid où, assez vite, il publie son premier livre. Il se retrouve un jour dans le bureau d'un éditeur, n'ose pas demander ce qu'il fait là pour ne pas avoir l'air idiot, même si… il est si jeune que…

— Quel âge as-tu ? lui demande l'éditeur.

— Vingt ans.

— À quel âge es-tu né ?

— À vingt-cinq ans.

— Tu es encore un gosse. Avec le temps tu t'habitueras à ne rien comprendre. Alors tu n'essaieras même plus. Tu es à l'âge où on pose des questions.

— C'est ce que tout le monde me dit, se plaint Miguel.

— Je ne peux pas t'expliquer des choses aussi élémentaires que, par exemple, pour qu'un livre soit publié, il doit d'abord être lu par le public, puis acheté et, seulement après, écrit.

— Il est aussi indispensable que j'ignore mes propres textes, quand et comment je les ai conçus ?

— Naturellement. Ne me regarde pas comme ça. Tu as beau être l'auteur, tu ne peux pas posséder la conscience simultanée de toutes les facettes de tes propres créations. Tu finiras par découvrir quand tu les as écrits, et comment. Sois patient, c'est la vie.

— Mais c'est normal que je veuille savoir.

— Oui, mais n'espère pas que les gens te répondent. On passerait nos journées à te donner des explications.

Miguel est content de l'édition. Le vrai travail vient après, bizarrement. Il doit apporter des corrections au texte alors que le livre est déjà imprimé, mais ça ne le gêne pas. Toutes ces activités lui plaisent et l'ordre dans lequel il doit les réaliser lui importe de moins en moins. Le passé devient une chose morte, comme une photographie qu'il est inutile de continuer de regarder car elle a totalement perdu sa définition et ne reflète plus que des ombres évanescentes.

Miguel grandit, ses nouveaux centres d'intérêt remplacent les précédents, développement inévitable, et la dernière étape est toujours la plus envahissante, la seule envahissante. Il trouve du boulot dans le cinéma comme acteur, ce qui lui permet de se consacrer intensément à son œuvre littéraire.

Il apparaît pendant un temps dans des films de seconde zone mais il s'en fiche, il n'a aucun respect pour le cinéma et préfère travailler avec des productions insignifiantes, sans prétentions artistiques. À cette époque, il porte les cheveux très longs et dans de nombreux films espagnols alors il y a systématiquement une scène de fête où on voit des chevelus danser comme des possédés. Cela lui convient très bien comme boulot alimentaire.

Depuis qu'il est né, il a vécu seul. Sa famille est aussi à Madrid, mais il a toujours refusé d'habiter avec elle. Au début, ses parents semblaient habitués à son indépendance, mais plus le temps passe, plus ils sont exigeants, et Miguel a plus de mal à ne pas leur rendre de comptes. Jusqu'au jour où il se voit obligé de refuser catégoriquement de vivre avec eux pour pouvoir se consacrer à lui-même. À la suite de cela, ses parents quittent Madrid et vont vivre en province, où son père a été muté pour son travail.

Plus libre, mais avec moins de ressources, il a différentes aventures qui, malgré leur simplicité, l'émeuvent ; il est surpris par sa naïveté croissante, ses préoccupations plus immatures, tandis qu'à l'inverse ses illusions ne cessent de grandir. Son pessimisme naturel persiste mais perd en intensité, s'amenuise et devient plus supportable. Il lui suffit de quelques histoires sans intérêt, qu'il aurait dédaignées quand il était enfant, pour être bouleversé.

Les textes qu'il écrit, comme il l'avait pressenti, sont de plus en plus faibles, même si on y perçoit une certaine similitude avec ceux de son enfance. La différence entre eux est abyssale, mais Miguel a désormais renoncé à la maturité du début.

Bizarrement, il le voit, il se dirige sans résister vers l'ignorance et l'inconscience.

« Est-ce que ça vaut la peine de continuer ? » se demande-t-il.

Peut-être espère-t-il encore une surprise. À certains moments, il lui arrive de penser que le processus est réversible et qu'il pourra redevenir ce qu'il a été. Mais, quand il observe les gens qui sont nés avant lui et constate que personne n'est revenu en arrière, il comprend que ce n'est pas possible.

— C'est la loi de la vie, lui dit quelqu'un. Il faut l'accepter.

— Ce n'est pas une raison, proteste Miguel.

— Bien sûr que si.

« J'ai beau me rebeller, ça fait longtemps que j'ai fini par tout accepter. »

— La loi de la vie.

— Oui. La loi de l'Obéissance due, ose dire Miguel.

Il ne veut pas s'accrocher au passé ni faire de fixation dessus car le passé n'existe pas, seul existe le présent, et brièvement. Il sait maintenant que l'évocation du passé est stérile.

Miguel a dix-sept ans, ça fait huit ans qu'il est né. Ses problèmes ne sont pas encore terminés. Il ne fait plus de figuration sporadique au cinéma et doit chercher du travail pour vivre et étudier, il n'a pas un sou. Même s'il vit à Madrid depuis pas mal d'années, il se rend compte qu'il ne connaît presque personne, comme s'il venait d'arriver, effrayé et impressionné par la taille de la ville.

Il rend visite à ses parents en province ; comme on s'en doute, ils font tout pour le retenir. Miguel sait qu'il ne peut pas rester vivre avec eux, mais il craint que sa résistance soit inutile. Il s'aperçoit chaque jour qu'il devient de plus en plus ignorant. Il décide d'agir pour combattre l'oubli, même s'il s'était résigné à l'accepter quelques années plus tôt ; mais une partie de sa nature rebelle s'agite encore au fond de lui. On lui annonce alors qu'il vient d'obtenir la seconde partie du bac. Miguel sait ce que cela signifie : d'abord le résultat, puis l'obligation ferme et inévitable de le mériter. Ainsi, sa famille et la province le retiennent prisonnier.

Madrid s'éloigne. Il rêve d'y retourner mais doute d'avoir une nouvelle chance. En obtenant la première partie du bac, il se retrouve face à une nouvelle condamnation à laquelle il ne peut pas échapper.

Les parents de Miguel désapprouvent son non-conformisme permanent mais l'ont davantage sous contrôle, limité par les centres d'intérêt de son âge. Ils savent que son attitude n'est pas passagère, comme pour les autres garçons. Heureusement l'époque la plus difficile est déjà passée, il a fallu qu'il vieillisse pour être contraint d'habiter chez eux. La vie familiale est une prison, et le lycée une extension de celle-ci.

Lentement, Miguel se débarrasse des idées qui l'ont accompagné pendant son enfance et son adolescence, plongeant dans la nébuleuse période de l'âge adulte. Son enfance lui paraît si loin à présent, cela l'attriste et il éprouve la nostalgie d'un impossible retour en arrière.

Des problèmes qu'il avait abandonnés dans le passé parce qu'il était sûr de leur insondabilité se présentent à lui avec un besoin mélodramatique de solution ; il s'abandonne à ces obsessions morbides sans récolter autre chose qu'une piété stupide et apeurée sur le chemin que lui dicte l'ambiance religieuse du lycée.

Comme à toutes les époques de sa vie, il ne possède que deux ou trois amis, dans une voluptueuse intimité. Son activité littéraire est quasi inexistante, à présent il écrit seulement des textes mièvres et tristounets, son intérêt pour l'écriture décroît et il attend presque avec joie l'arrivée imminente de la vieillesse qui le libérera de toutes ces ambitions.

L'année où il entre au lycée, il va passer l'été chez son oncle et sa tante dans un petit village. Tout au long de sa vie, même s'il ne s'en souvient pas clairement, Miguel a connu des expériences amoureuses ; cependant, cet été-là, il découvre le sexe. Toute découverte porte en elle la fin de l'objet qui l'a motivée.

Après cet été, il ne vivra plus que des ébauches d'expériences érotiques confuses.

Maintenant que le processus de fabrication du passé le plus proche est enclenché, pendant les années de collège, ses divertissements principaux sont le cinéma et quelques amitiés.

Onze ans. Quatorze années ont passé depuis sa naissance. Miguel est devenu un vieux mélancolique et solitaire, légèrement étranger, comme d'habitude, à ce qui l'entoure. Son œuvre littéraire, si on peut l'appeler ainsi, se limite à quelques poèmes qui parlent de sa solitude, ou à des textes courts inspirés par sa foi religieuse. Il a perdu le concept de valeur, ce qu'il fait ne lui semble ni bien ni mal. À cause de ses inaptitudes et de son manque de ressources, Miguel dépend totalement de sa famille. Il attend juste la vieillesse et la mort en son sein.

Il ressent encore une étincelle d'inquiétude latente, mais n'aspire plus à rien. Ses parents se rappellent l'enfant qu'il a été et se réjouissent jour après jour de ses défaillances. Le temps qui passe les rassure, Miguel leur appartient. La plus belle époque arrive, lui-même le devine. Ses préoccupations religieuses lui paraissent de purs délires. C'est un vieux sensible, avec des résultats brillants au cours de ses dernières années d'études, et de plus en plus affectueux avec sa famille.

Malgré son âge avancé, il continue d'être une personnalité à part parmi les curés et ses camarades ; ses bizarreries – il utilise un vocabulaire assez artificiel et inapproprié pour son âge –, sa sensibilité générale et son goût pour la poésie contribuent à l'isoler, mais il a l'habitude, ça a toujours été ainsi. À cette époque, il gagne un concours auquel participent tous les élèves de l'école autour d'un thème commun : la Vierge Marie. Après cela – une sorte d'invocation poétique –, il n'écrit plus rien. La littérature, comme beaucoup d'autres choses, disparaît de sa mémoire et de son imagination. Alors que tous les hommes, à l'approche de la mort, se consacrent à la pratique de différents jeux, Miguel ne participe à aucun d'eux. Dans ses moments libres, qui sont très nombreux, il préfère s'occuper à n'importe quoi d'autre. Il voit également ses derniers films. À huit ans de sa mort, il profite intensément du cinéma, comme s'il pressentait qu'il ne tarderait pas à disparaître de sa vie. Plus que jamais, le cinéma est désormais pour Miguel l'autre vie qu'il aimerait vivre.

Les parents de Miguel, comme c'est généralement le cas avec les parents, adorent la vieillesse de leur fils. Ils voient avec joie ses facultés l'abandonner. Miguel se sent seul face à sa gaucherie grandissante. C'est comme si tous les autres, conscients de ce qu'il lui arrive, tentaient de le lui cacher et de s'en moquer à la fois. Heureusement, la vieillesse est une période sans obligations urgentes, confortable et peu exigeante. Miguel ne se souvient plus de son passé, pas même de loin en loin, mais il en rêve.

À présent il a besoin de ses parents, son impuissance et sa dépendance s'accentuent chaque jour, mais ce n'est pas la seule raison de ce rapprochement : sa tendresse à leur égard a aussi augmenté.

Non sans surprise, il constate que son développement le fait rapetisser. Il ne va plus à l'école et jouit de cette sorte d'insouciance et d'absence de responsabilité dans laquelle il vit. Les gens ont aussi changé d'attitude envers lui. Certaines personnes avec lesquelles il n'avait eu aucune relation dans le passé lui apportent des cadeaux et lui font des câlins. Miguel est devenu plus affectueux. Autour de lui, les amis de ses parents commencent à évoquer le temps qu'il lui reste de vie, et tous envisagent sa mort comme un grand événement.

Sa voix s'est affaiblie, deux ans avant sa mort il ne sait presque plus parler et doit faire un effort pour comprendre les autres. Peu à peu son existence devient plus sensorielle ; tout ce qui vient de l'extérieur l'intéresse, les bruits, les images et le mouvement le fascinent. Bientôt, il n'arrive plus à articuler un seul mot mais pousse juste un cri de temps à autre. Il vit enfermé en lui-même et heureux, sa mère se consacre à lui exclusivement et Miguel n'a qu'à se laisser dorloter sans même avoir à répondre (de toute façon, il en serait incapable).

Quelques mois avant sa mort, Miguel est, comme tous ceux qui vont mourir, un être minuscule et insignifiant. Un petit animal. L'extrême vieillesse est comme un cloître. Personne ne peut savoir ce qu'il pense ni ce qu'il sent, mais tous le chouchoutent et font d'étranges gestes dès qu'ils le voient.

Sa mère n'a jamais été aussi heureuse, grâce au simple fait de pouvoir l'aider à mourir. On dirait que Miguel lui appartient, comme une main ou un bras. La certitude que la nature va inévitablement faire d'elle l'embouchure de son fils, et leur fusion anatomique prochaine, lui font considérer son fils comme une partie de son propre corps.

L'heure de la mort approche. Quelques jours plus tôt, sa mère tombe malade pour se préparer à l'événement. Elle reste couchée deux ou trois jours, signe caractéristique de son imminence. Miguel passe toute la journée endormi à côté d'elle, son unique aliment au cours des derniers mois a été le lait maternel. Quand le moment arrive, le médecin l'aide à mourir en l'introduisant entre les jambes de sa mère.

Quelques jours plus tard, sa mère se relève, arrondie par la présence de Miguel dans son ventre. Le plus douloureux est passé. Lentement, pendant les neuf mois suivants, Miguel s'éteint en elle.

Ensuite, plus personne ne pensera à lui.

Confessions d'une sex-symbol

Je veux écrire une histoire et la première question que je me suis posée, c'est : que vais-je raconter, quel sujet mérite que je m'y consacre ? Puis, je dois l'avouer, j'ai eu une idée géniale. Je vais écrire sur MOI. Parce que, tout bien réfléchi, pourquoi inventer un personnage puisque j'en suis déjà un, pourquoi imaginer une vie drôle et instructive puisque c'est le cas de la MIENNE ?

Au long de la culture moderne, presque tous les personnages intéressants ont écrit sur eux ; par exemple, Andy Warhol. Tout ce qu'il écrit, c'est autour de lui et de ses amies. Ou bien Anita Loos (je ne sais jamais si on prononce « Loos » ou « Lous »), qui a tenu son journal il y a longtemps, avant qu'il ait énormément de succès et soit adapté au cinéma. Comme elle le confessait, elle n'a jamais considéré ces pages, rédigées sans la moindre prétention (de même que les miennes), comme le meilleur livre de philosophie écrit par un citoyen américain. Car on dirait que c'est le résultat chaque fois que quelqu'un d'amusant se raconte : ce n'est plus un journal ou des Mémoires, mais un livre de philo. C'est aussi ce qui est arrivé à Warhol. Il a publié un livre sur ses manies (*Ma philosophie de A à B et vice versa*) et tous les critiques ont affirmé qu'il s'agissait d'un texte philosophique. Peu importait qu'il parle de sous-vêtements, de glamour, d'argent ou de gloire.

Tenez, moi, en ce moment, presque inconsciemment, je suis en train d'être une fille très philosophique. J'adore ça, je l'avoue. Anita Loos s'est inventé un pseudo pour parler d'elle, Lorelei. Je crois qu'Anita a fait ça parce qu'elle était plutôt petite et brune, et elle aimait s'imaginer comme une splendide créature blonde tout en courbes. Pour ma part, je n'ai pas besoin de me cacher derrière un nom. Je m'appelle Patty Diphusa, et j'ai l'intention de signer ainsi tout ce que je fais. Mais il faut que je m'y mette, parce que sans m'en rendre compte j'ai écrit plus d'une demi-page et n'ai encore rien dit sur moi.

Comme vous le savez tous, je me consacre au roman-photo porno. D'après la publicité, je suis une star internationale du porno, une sex-symbol. Je crois que c'est vrai. Mais la pub donne parfois une image incomplète de quelqu'un. Car je peux vous assurer que je suis un peu plus que ça. Sinon je ne serais pas ici, derrière ma machine à écrire, à essayer d'expliquer au monde ce que je suis.

Quand une fille est juste ce qu'on dit d'elle, il lui suffit d'aller en boîte et de parler d'elle-même aux gars qui tentent de la draguer, qui sont les seuls capables de supporter ce genre de monologue. Moi aussi je fréquente les boîtes et je parle aux mecs de LA VIE, mais au bout de quelques années j'ai compris que ça ne me suffisait pas. Cette découverte m'a valu quelques inimitiés, c'était inévitable. Parfois, l'importance de quelqu'un se mesure au nombre de ses ennemis.

Par exemple, l'autre jour, à un casting, je suis tombée sur ma principale rivale : Fool Anna. Cette fille pense que le monde n'aurait plus de problèmes si JE disparaissais. Elle ne supporte pas qu'on me choisisse pour tous les grands romans-photos pornos qui se font dans le pays. Elle pense qu'ils lui reviennent. Et comme elle est très névrosée, une telle injustice la rend dingue. Parce que non seulement je suis la préférée du public et des responsables de castings, mais la critique spécialisée me traite avec beaucoup d'affection. À propos de mon dernier roman-photo, *Le Baiser noir*, ils ont dit : « Le scénario est nul et la photographie réussit ce qui semble impossible, être encore plus nulle. Cependant, Patty Diphusa est divine. » Et si les scénarios que je reçois sont nuls, imaginez comment doivent être ceux qu'elle est obligée d'accepter. De la soupe.

Vous me trouverez imprudente, mais je n'en veux pas à Fool Anna. Dès que je peux et suis de bonne humeur, j'essaie d'être sympa avec elle. L'autre jour, je l'ai croisée à une soirée. Fool Anna avait pris une de ces drogues qui vous rendent volubile et aimable. Sans ça, elle ne m'aurait jamais adressé la parole.

— Comment tu obtiens ce bronzage parfait ? m'a-t-elle demandé.

Et moi, qui ne suis pas rancunière, sauf dans les occasions où ça peut être amusant, je lui ai confié mon secret :

— Badigeonne-toi avec du jus de citron et de l'huile avant de prendre le soleil. C'est miraculeux.

En parlant de secrets, j'en ai un paquet. Secrets, ce n'est pas exactement le mot : je dirais plutôt remèdes. Remèdes appris directement sur le tas, très souvent. Car la nature est un incroyable professeur, je trouve. Par exemple, plein de filles ont des problèmes de poids et n'arrivent pas à dormir quand elles se couchent avec la seule intention de se reposer. Pour ces deux grandes questions, j'ai trouvé la solution. Ça s'appelle l'héroïne. Dormir, quand on a pris un peu d'héroïne, est un vrai plaisir. Et si on le fait à plusieurs reprises, en quelques semaines, sans s'en rendre compte, on a perdu un tas de kilos, parce qu'une des vertus de l'héroïne c'est de couper la faim. L'ennui, quand on est comme moi, une fille intrépide avec beaucoup d'idées, c'est qu'on se lève, on veut se mettre à écrire et on est tellement bien qu'on n'en a pas envie : pour quelle raison se fatiguer à taper à la machine ? Alors on se prépare un bon jus d'orange et de citron, on prend une poignée d'analeptiques et, au bout d'un moment, on bosse comme une folle.

Mais je vous parlais de ma rivale, Fool Anna. Le lendemain de la soirée, elle a décidé de suivre mon conseil et est allée dans sa cuisine se préparer la mixture. Comme elle n'avait pas de citrons elle est descendue en acheter au supermarché, puis elle a eu une idée. Elle ne se sentait pas le courage de presser un tas de citrons et s'est dit que l'effet serait le même avec du jus concentré. Je l'ai recroisée des mois plus tard et ça été très désagréable. Après s'être enduite de sa mixture elle avait eu une éruption cutanée qui l'avait mise sur la touche pendant une semaine. Elle voulait me tuer car elle était persuadée que je l'avais fait exprès. Cette imbécile n'a pas songé que la nature est parfois irremplaçable et qu'un citron pressé n'est pas pareil qu'un jus concentré.

— Un jour je vais défoncer ton visage de grosse pute, m'a-t-elle dit dès qu'elle m'a vue.

Ce à quoi j'ai répondu :

— Je t'admire, Fool Anna. Il n'y en a plus des filles comme toi, mais fais gaffe, ma belle. Je suis la marraine d'une bande de macs (c'est vrai). Ce serait dommage qu'une femme de ta trempe finisse étranglée dans un terrain vague.

Avec Fool Anna, il faut être très dure parce qu'elle est authentiquement dangereuse. Le genre de filles nées en Serbie, en ex-Yougoslavie, qui cachent toutes un grand secret et, au moment où on s'y attend le moins, se transforment en panthères. Qui a vu *La Féline*, de Jacques Tourneur, sait de quoi je parle. Une panthère, ce n'est pas seulement un objet décoratif dont on orne les vitrines des bijouteries, ça peut être un animal redoutable. C'est pourquoi je garde mes distances avec Fool Anna, je sais qu'elle m'a condamnée.

Vous me direz qu'une fille comme moi a besoin de deux gardes du corps. J'y ai pensé plus d'une fois, mais l'inconvénient des gardes du corps, c'est que, même s'ils sont très sexy, à la longue ils finissent par être ennuyeux et très vite on n'a plus de sujet de conversation avec eux. Les gens intéressants, j'ignore pourquoi, ne sont jamais gardes du corps. Le jour où Bette Midler et Carol Burnett le deviendront, je les engagerai sans doute.

À propos de mon dernier succès, *Le Baiser noir*. J'avais participé à la présentation du roman-photo à Valence, où j'ai de nombreux fans, en particulier parmi le public gay, c'est-à-dire quatre-vingt-dix pour cent de la province. Deux jours épuisants, avec beaucoup d'interviews et de repas. Quand j'ai repris l'avion du retour j'étais exténuée malgré tous les analeptiques que j'avais avalés. Il n'y a rien de plus soporifique que les repas et les interviews. J'ai décidé de dormir pendant tout le vol. J'avais déjà fermé les yeux quand un monsieur assis à côté de moi m'a demandé :

— Excusez-moi, vous ne seriez pas Patty Diphusa ?

J'ai rouvert les yeux. Devant moi, un homme d'une quarantaine d'années me souriait. Un sourire qui reflétait de nombreuses heures passées à la salle de sport et pas mal de millions. Assez pour que je lui réponde.

— Il n'existe qu'une seule Patty Diphusa. Et c'est moi.

Comme ça, au hasard, est née entre nous une de ces conversations agréables que tous les gens civilisés rêvent d'avoir quand ils montent dans un véhicule, quel qu'il soit.

— Je suis un de vos fans.

C'est plutôt naturel qu'un quadragénaire soit fan de moi, cependant je me suis exclamée :

— Flatteur !

— Je suppose que vous avez l'habitude qu'on vous dise ça, a-t-il insisté avec une humilité qui le rendait très séduisant.

— On ne s'y habitue jamais. On n'est jamais assez adorée, ai-je répondu pour le mettre à l'aise.

Il m'a proposé une cigarette et a continué de parler.

— J'achète tous vos romans-photos. Votre présence fait une grande différence. Vous avez quelque chose de très spécial, qu'on trouve difficilement chez une actrice de romans-photos pornos.

— Vous faites référence à mon talent et à ma beauté, ai-je affirmé, mais il n'avait pas l'air d'accord.

— Je ne sais pas. C'est difficile à expliquer.

Je ne voulais pas être grossière, mais il n'était pas question de supporter cette remise en question de mon travail.

— C'est mon talent et ma beauté. Sûr. Vous ne croyez pas que je possède ces qualités ?

— Si, bien entendu.

Nous étions finalement d'accord.

— Que faites-vous en ce moment ? m'a-t-il demandé.

— Je parle avec vous.

C'est un trait d'humour pas très intelligent, je le sais, mais certains hommes prennent peur quand ils sont face à une fille avec un cerveau, et en bonne actrice de roman-photo que je suis, je sens comment et quand il faut feindre. Décidée à être « drôle », je n'ai pas hésité à pousser la blague plus loin.

— Et vous ?

Il a éclaté de rire.

— Je parle avec vous, a-t-il répondu, une fois redevenu sérieux.

Sans nous en rendre compte, nous étions arrivés à Madrid.

À partir de là, il y avait seulement deux possibilités : partir chacun de son côté ou prolonger cette rencontre. Mais je ne voulais pas prendre l'initiative, avant tout parce que j'étais épuisée et la fatigue est une des rares raisons susceptibles de m'empêcher de profiter d'un beau parti. C'est lui qui a pris les devants. Sa voiture était garée tout près et il a proposé de me raccompagner chez moi, ce que j'ai accepté. Devant mon immeuble, j'ai pensé que le moment était venu de lui faciliter les choses.

— Vous savez tout de moi. Alors que je…

— Je suis un homme d'affaires. Un des fabricants de plastique les plus importants au monde, a-t-il déclaré sans paraître y attacher d'importance.

— Plastique ! me suis-je exclamée. J'adore les bijoux fantaisie.

J'étais exténuée, mais j'ai accepté qu'il monte mes bagages. Même pour un simple déplacement à Valence, j'ai toujours des tonnes de valises pleines de fringues. Après les avoir montées, le monsieur était en nage, normal.

— Je veux bien me reposer un instant, si cela ne vous dérange pas, a-t-il prétexté pour rester – ce monsieur était très lent à se décider, je vous raconterai ensuite pourquoi.

— Je vous en prie.

Ensuite, tout a été assez rapide. Je veux dire que si jusque-là on avait énormément parlé, pendant les deux heures de repos que le nabab a prises en ma compagnie, on n'a quasiment plus rien dit. Le monsieur a été très occupé à rendre hommage aux trois orifices principaux de mon organisme. Je ne vous dirai pas lesquels.

Les hommages ont continué les jours suivants, dès que mon travail le permettait. Monsieur le nabab m'avait offert des kilos de bijoux fantaisie et je lui en étais très reconnaissante. Mais il y avait dans notre relation quelque chose qui m'a vite ennuyée. Au début j'éprouvais une sorte de curiosité malsaine, mais... Voilà : après nous être « divertis » pendant quelques heures, au moment où généralement on s'assoupit ou bien on parle au téléphone, il insistait pour qu'on se mette à genoux et demande pardon à Dieu pour ce qu'on venait de faire. Et ainsi, chaque fois, jusqu'au jour où j'ai arrêté de trouver ça drôle. Je le lui ai dit. Alors il m'a avoué qu'il était marié, catholique fanatique, et sa religion ne lui permettait pas d'avoir une liaison avec moi. Je lui ai répondu qu'il valait mieux rompre en effet.

C'est très désagréable pour une fille de voir le monsieur avec qui elle vient de passer un moment sympathique le regretter et promettre à Dieu qu'il ne recommencera pas. Toutefois, il a suffi que je le repousse pour qu'il revienne deux jours plus tard m'avouer qu'il ne pouvait pas vivre sans moi. Et que si ses principes lui interdisaient d'être mon amant, il avait au moins besoin de me voir. La contemplation de ma beauté le contenterait. Il avait même déjà échafaudé un plan. Ses deux fils avaient raté leur examen de géographie, ils devaient préparer le rattrapage de septembre.

— Pourquoi tu ne leur donnerais pas des cours ? Comme ça je pourrais te voir.

— Mais je n'y connais rien en géographie.

Le nabab est reparti dans sa villa, très triste. Je me suis consacrée au travail, et à la fin de la semaine j'avais besoin de repos. Car en plus des romans-photos, j'ai enregistré un disque, une maquette qui sortira bientôt dans le commerce, d'après mon amie Queti Pazzo. Queti a commencé avec moi dans les photos pornos, mais elle avait de sérieux problèmes de poids. Elle s'est mise à prendre toutes sortes d'amphétamines pour maîtriser, péniblement, son appétit. Maintenant elle s'en fiche totalement car elle a choisi de se consacrer à la musique et d'arrêter le porno. Le sexe ne signifie plus rien pour elle. Ses vraies passions sont la nourriture grasse, les drogues douces et le rock. Pour ce qui est de la nourriture grasse, ce qu'elle préfère c'est la pancetta, les empanadas galiciennes et les tripes. Quant aux drogues, elle ne cesse de me répéter que les « dures » sont complètement démodées, que la dernière « tendance » ce sont les drogues douces, mais au niveau de l'overdose.

C'est-à-dire qu'avant de sortir de chez elle, elle fume un demi-kilo d'herbe et boit ensuite trois litres d'alcool dans la soirée (elle considère également l'alcool comme une drogue douce). Tout cela avec des boîtes entières de Minilip, Bustaid et Dexedrine. Ce n'est pas pour maigrir : elle continue de prendre des amphétamines par pure addiction.

Toujours est-il qu'on était l'autre jour dans un restaurant à l'étage d'une boîte, attendant qu'on apporte à Queti son deuxième banana split. Ils passaient *Controversy*, chanté par Prince, et on a commencé à improviser un rap sur la base rythmique de Prince. Ça donnait quelque chose comme « *Suck it to me. Suck it to me babe. Suck it to me. Suck it to me now. After dinner. Before dinner. After lunch. Before lunch. After breakfast. After flan. Before flan. Suck it to me* », etc. On était lancées et j'avoue que ce n'était pas mal. Elle a décidé qu'on allait enregistrer un single. Face A déformée par la graisse (elle faisait référence à son visage) et Face B amincie par la drogue (elle parlait du mien). Depuis qu'elle s'est résignée à être grosse, Queti n'est plus sensible aux pommettes fermes comme les miennes. Le single s'appellerait de manière générique et simple *Pure Bouillie*.

Bon, pendant ce week-end j'avais l'intention de n'être là pour personne, sauf pour l'héroïne. Je désirais passer ces deux jours et ces deux nuits à vomir et à dormir. Vous voyez ce que je veux dire. Mais le téléphone n'arrêtait pas de sonner : l'inconvénient d'être une sex-symbol connue, qui par ailleurs sait se tenir en public et articuler une phrase de plus de trois mots, le cas échéant.

Le premier coup de fil, ma sœur : sa fille faisait sa communion et elle voulait que je vienne, sinon à la cérémonie à l'église, au moins au festin dans les Salons Hiroshima où ils avaient réservé une table. Ensuite, il y a eu des féministes qui souhaitaient que je participe à une table ronde sur les problèmes cosmétiques de la femme du futur. Puis l'Association des voisines de Prosperidad qui organisaient la fête du quartier et avaient envie de m'offrir en guise de prix au vainqueur de la course en sac. Enfin, les membres de l'Association pour les victimes espagnoles de Nagasaki (les employés de la Casa Española de cette ville, qui sont morts à cause de la bombe atomique) ont appelé à propos d'une vente aux enchères. Les recettes iraient aux familles des sinistrés. Bárbara Rey, Silvia Aguilar et Adriana Vega seraient présentes et ils désiraient vivement que je sois là aussi. J'ai dit non à tout le monde. Mais le téléphone a sonné de nouveau. J'ai décidé que c'était la dernière fois que je répondais. C'était un appel de Honolulu. Ricardo Morente, un des héritiers de la banque Morente, m'invitait à le rejoindre là-bas.

— Je suis crevée, Ricardo.

— Ici tu pourras te reposer autant que tu veux. Je vis dans un cadre incomparable, ça va te plaire, a-t-il dit pour me convaincre.

J'ai fini par accepter, mais je l'ai prévenu que j'avais uniquement l'intention de me droguer et de dormir. Il m'a dit super. Ricardo Morente était la seule personne sensible dans cette famille de banquiers. Je veux dire qu'il était gay. Ses parents, constatant que c'était irréversible et que Ricardo n'était pas disposé à devenir ermite, lui avaient acheté une villa dans un lieu reculé, loin des commérages de Madrid, où il pouvait vivre à sa guise sans entacher son nom. Apparemment, Honolulu se trouve assez loin.

J'ai dormi pendant toute la durée du vol. Ricardo m'attendait à l'aéroport avec un domestique italien (cousin d'un de ses ex, italien). Je suis arrivée là-bas dans l'état où j'étais au départ, complètement assoupie. Mais Ricardo célébrait chacune de mes maladresses, me répétant que j'étais géniale, divine, totale. Venant de lui, c'est un vrai compliment, parce que même si j'ignore exactement pourquoi, les multimillionnaires doivent fournir beaucoup plus d'efforts pour s'amuser que les gens normaux, en particulier les millionnaires avec une vocation d'artiste, mais sans aucun talent.

On peut dire que j'ai atterri directement dans un lit. Ricardo Morente s'employait à me montrer le paysage et ce qui fait la différence entre Honolulu et Madrid. Je réagissais à tout avec le même commentaire : Énorme ! Je me demande s'il se rendait compte de mon état léthargique.

À peine arrivée à la villa, je me suis mise au lit et j'ai commencé à me droguer. C'était pour ça que j'étais venue jusque-là. Malgré tout, je n'ai pas pu éviter un minimum de mondanités. Je crois me souvenir qu'ont défilé devant mon regard défoncé tous les invités de la maison, ainsi que les employés. Ricardo est très démocratique envers la domesticité, ses employés sont aussi sexy que ses invités, voire plus, et jouissent quasiment de la même liberté de mouvements. Ce qui est bien avec Ricardo Morente, c'est qu'en plus d'accorder à autrui une certaine autonomie, il possède les meilleures drogues du monde.

Je suis restée une semaine, et malgré mon intention de passer inaperçue, j'ai fait tourner la tête à plusieurs domestiques natifs de l'île. C'est curieux comme certaines choses, auxquelles on n'accorde aucune importance, finissent par devenir cruciales. Un soir, tandis que je fumais de l'héroïne dans la chambre de Ricardo Morente, il a sorti trois colliers avec des faux diamants et a dit à l'employé le plus jeune et le plus beau de choisir celui qu'il voulait. Le lendemain, le garçon est venu dans ma chambre me dire adieu comme il se devait et m'a offert le collier. Je n'ai pas osé le refuser ni lui expliquer que le plastique me va mieux que le cristal. Je l'ai donc pris et lui ai promis de me souvenir de lui chaque fois que je le porterais. Et nous en sommes restés là.

De retour à Madrid, j'ai appris qu'on avait cherché à me joindre pour un roman-photo, *Truies*. Le scénario était le suivant : j'étais une fille vivant à quelques kilomètres de Madrid, mon père avait une ferme où on élevait des porcs et j'avais passé toute ma vie avec eux. Mon père engageait un garçon pour m'aider dans mon travail, le garçon tombait amoureux de moi et mon père du garçon, ce qui compliquait grandement l'affaire car le garçon ne me plaisait pas : je n'aimais que les porcs et je ne connaissais aucun autre type d'amour. Au moment où il me faisait sa déclaration, je lui avouais mes goûts zoophiles. Et avant qu'il ait eu le temps d'être déçu, mon père arrivait, le frappait et le tuait. Je fuyais, terrorisée, abandonnant mon père avec le mort. Je faisais du stop et un monsieur me recueillait dans sa voiture. Après avoir parlé un moment avec moi, il arrivait à la conclusion que j'étais sa fille. Sa domestique m'avait vendue quand j'étais petite et, depuis, il avait perdu toute trace de la domestique et de moi.

Comme vous le devinez, sans une bonne actrice, ce genre d'histoire ne tient pas la route. J'étais l'interprète idéale, mais comme ils n'arrivaient pas à me localiser, ils avaient contacté Fool Anna. Elle était enchantée parce que, pour une fois, elle me piquait un rôle. Pas de chance pour elle, au dernier moment ils ont appris que j'étais de retour et une fois de plus la pauvre Fool s'est étranglée de rage. Si j'avais su ce qui allait arriver, je lui aurais laissé le rôle avec plaisir. Je rentrais chez moi après une séance fatigante avec les porcs qui, bien que meilleurs acteurs que je le croyais, étaient un peu lourds dans les scènes d'amour. Au moment où j'ouvrais la porte, j'ai entendu derrière moi un effroyable rugissement. Je me suis retournée et j'ai découvert Fool Anna transformée en panthère, l'air menaçant, qui avançait vers moi avec ce style si élégant et terrifiant qu'ont les félins.

— J'ai un cadeau pour toi, Fool Anna, lui ai-je dit. Attends de voir ce que c'est avant de te jeter sur moi.

Nous sommes entrées dans mon appartement et je suis allée directement chercher le collier avec les faux diamants que m'avait offert le beau natif de

Honolulu. J'aurais préféré qu'il soit là pour me protéger, mais je devais me contenter de mon cerveau comme unique arme de dissuasion. Grognant d'une façon qui me donnait la chair de poule, la panthère a mis le bijou. Elle s'est contemplée dans le miroir et ça a semblé lui plaire. J'ai respiré. Mais la soirée n'était pas finie. On a sonné à la porte. C'était un gars tout en muscles, baraqué, qui avait par ailleurs un pistolet. Quelque chose me disait que mon charme naturel n'allait pas suffire à le convaincre que ce n'était pas le moment d'embêter une travailleuse. Une de ses mains autour de ma gorge, l'autre pointant son arme sur mon cœur, il m'a lancé :

— Où est le collier ?

La peur me paralysait, je ne savais pas quoi lui répondre. D'un coup, il m'a jetée par terre. Mais la panthère, dès qu'elle l'a entendu parler du bijou, s'est précipitée sur lui et l'a massacré en un clin d'œil. J'ai mis quatre heures pour nettoyer tout ça.

Deux jours plus tard, on a retrouvé son cadavre dans un terrain vague où je l'avais transporté.

J'ai su ensuite que le type travaillait pour les Morente. Ricardo m'a appelée pour m'expliquer le fin mot de l'histoire. Sa grand-mère, qui l'adorait et l'acceptait tel qu'il était, lui avait offert un authentique collier de diamants. Contre la volonté de sa mère, il l'avait emporté à Honolulu après avoir fait réaliser deux copies pour la rassurer, en lui promettant qu'il montrerait seulement les faux. Mais ce soir-là, lors de mon séjour, il avait présenté les trois colliers à son domestique, en lui demandant d'en choisir un. Sans le savoir, le garçon avait pris celui qui était authentique, et me l'avait ensuite offert. Le lendemain de mon départ, sa mère l'avait appelé car elle souhaitait reprendre temporairement le collier pour une exposition des bijoux de la famille. Ricardo avait alors découvert qu'il l'avait donné au jeune natif de l'île ; quand il avait appris que celui-ci me l'avait offert, il avait fait une crise de jalousie qui, chez les millionnaires, sont généralement plus violentes que chez le commun des mortels. Il avait dit à sa mère que je l'avais volé, qu'elle devait le récupérer et le lui rendre. Pour couronner le tout, le garçon que la panthère avait tué était le frère de l'ex italien de Ricardo M. quand il était jeune (toute la famille italienne de son ex s'était mise à travailler main dans la main pour la banque Morente). C'est ainsi que, de manière imprévisible, tout ceci était devenu une grande intrigue internationale. Car la famille de l'ex italien ne trouverait pas le repos tant qu'elle n'aurait pas vengé le garçon assassiné.

J'avais des sueurs froides. Que pouvais-je faire ? Je suis une femme célèbre et repérable, j'étais dans une impasse. J'ai eu une idée. J'ai appelé le nabab des plastiques, lui ai donné rendez-vous dans un hôtel et l'ai laissé rendre hommage à mes trois orifices principaux. Avant qu'il commence à se repentir, juste au moment où il m'avouait qu'il était fou de moi et que je pouvais compter sur lui pour n'importe quoi, je lui ai dit :

— Je crois que ton idée que je donne des cours de géographie à tes fils était géniale, mais la vie a fait que je suis inculte. Ce qui ne veut pas dire que je ne peux pas changer. Pourquoi tu ne m'offrirais pas un tour du monde ? J'apprendrais tout ce qu'il faut savoir en géographie sur le terrain. C'est comme ça que j'ai appris le peu que je sais de la vie. Je serais la meilleure prof de géographie qui existe pour tes enfants, je leur enseignerais des choses qu'aucun autre prof ne pourrait leur enseigner.

Je l'ai convaincu. Je lui ai demandé de m'acheter des vêtements pour ne pas avoir à repasser par chez moi, et me voici à l'aéroport, prête à découvrir le monde.

Je supplie les éditeurs de livres, les producteurs de cinéma et de télévision, etc., d'être un peu patients avant d'exploiter mes Mémoires. Car je SAIS qu'ils doivent tous désirer comme des fous me les acheter, mais j'ai besoin de voyager pendant un an à travers le monde pour voir si les Italiens oublient leur soif de vengeance. Imaginez le nombre de choses qui peuvent m'arriver dès que j'aurai quitté Madrid. Je promets de tout écrire. Parce qu'en rédigeant ces pages, j'ai découvert que j'adore être écrivaine et philosophe. La carrière de sex-symbol toxico finit par s'arrêter tôt ou tard ; alors que comme écrivaine (après quelques mois dans une clinique de désintoxication), je peux durer aussi longtemps que la science, qui a fait tant de progrès, me le permettra.

Je vais voyager, vivre et écrire. Je promets de tout vous raconter. Ma vie n'a de sens que si je la partage avec les autres. Avec vous tous.

Amer Nöel

Samedi

Ce jour-là, quand je me suis levée et suis entrée dans le salon, j'ai découvert Beau sur la terrasse, sur la Body Treck. C'était réjouissant de le voir dominer cette machine infernale, muscles en tension, torse parfait, bras et jambes musclés et nerveux, ces bras qui m'avaient étreinte dans le lit quelques heures plus tôt. Merveilleux de l'observer transpirer et de l'admirer sans qu'il soit conscient de la beauté et de l'énergie qu'irradiait son corps. Le même appareil, pour moi, devient un instrument de torture. Me regarder courir époumonée, en direction de nulle part est un spectacle pénible.

Beau a dormi à la maison, avec moi, toute la matinée. La nuit précédente, on l'a passée aux urgences.

Vendredi (la veille)

Hier, en tout début d'après-midi, j'ai commencé à avoir mal à la tête. J'ai pris un premier analgésique puis, quelques heures plus tard, un deuxième ; le soir j'ai avalé du Nolotil liquide, ma dernière arme définitive contre ce type de migraines persistantes qui débutent dans la zone occipitale et s'étendent jusqu'à recouvrir ma tête comme un bonnet. Au paroxysme de la douleur, on ne peut pas regarder la télé ni parler au téléphone, pas plus que lire, travailler sur l'ordinateur, écouter de la musique ou se déplacer en voiture. Je me retire dans ma chambre et m'allonge sur mon lit, dans l'obscurité, pendant que Beau regarde la télé et veille sur moi sans m'étouffer.

Alors que j'étais allongée dans le noir et le silence, une nouvelle sensation a surgi, une sensation différente de la douleur même si elle se mélange avec elle comme le paysage finit par se fondre dans la brume. Dans mon cas, le processus est inverse : une vague d'excitation nerveuse aiguë me traverse la poitrine de droite à gauche et irradie dans mes jambes jusqu'aux genoux. Tout mon corps tremble de plus en plus fort, je crains d'exploser si ça continue. Mon système nerveux échappe à tout type de contrôle. Je sens mon cuir chevelu brûlant et une bouffée de chaleur soudaine incendie mon visage.

J'essaie de me convaincre que tout va bien, mais les rafales d'angoisse sont de plus en plus longues et les intermèdes de plus en plus brefs. Le temps paraît infini. Je palpe mon corps pour tenter d'attraper (de localiser, du moins) ce mal abstrait qui m'oppresse la poitrine d'une manière indescriptible.

C'est le premier pont de décembre (le Jour de la Constitution) et, depuis au moins deux semaines, un Noël précoce accable la ville. La nuit tombe ; après avoir lutté pendant des heures contre l'angoisse et le mal de tête, je décide d'aller aux urgences. Heureusement, Beau est avec moi. Comment aurais-je affronté cela toute seule ? Je préfère ne pas y penser. Beau parle peu et je lui en sais gré : dans ce genre de moments, l'important est d'être là, à côté, comme un animal.

Urgences

On me prend en charge dès que j'arrive. Une fois allongée sur un brancard, je perds Beau de vue.

On me reconnaît vaguement et on me met sous perfusion ; après avoir consommé lentement le premier récipient de liquide analgésique, j'ai toujours mal, ma migraine résiste. Je perçois nettement le combat qui se livre dans ma tête et me fais l'écho de cette lutte.

Mon monde se réduit à la zone qui commence juste au-dessus des cervicales et recouvre toute la partie supérieure du crâne. Le médecin de garde, étranger, avec un tic nerveux sur une joue, me conseille de passer la nuit à l'hôpital pour être traitée comme il se doit. Je ne l'avais pas prévu, mais la douleur me convainc rapidement.

Tandis qu'on me prépare une chambre, je vais chercher Beau dans la salle d'attente. Il est dehors, malgré le froid de décembre, lui qui ne fume pas. Il ne supporte pas les hôpitaux. Pourtant, il ne se plaint pas. Je lui donne les dernières nouvelles. Il a l'air fatigué mais déterminé à rester avec moi. La nuit précédente, il a travaillé.

Beau est pompier, même s'il est aussi *stripper* dans un club. Ce n'est pas du tout le *boy* typique, il n'est pas conscient de son corps et ne sait pas danser de manière sexy. Je crois que c'est ce qui le rend séduisant quand il monte sur scène. Et il a de l'endurance pour supporter les hurlements et les excès des soirées d'enterrement de vie de jeune fille. Je l'ai rencontré quand on cherchait un mannequin pour une publicité pour des slips avec mon amie Patricia. J'ai pris les photos et c'est elle qui a conçu la campagne. Le courant est bien passé entre nous pendant la séance. Et on a naturellement passé la nuit ensemble. C'était la première fois que ça m'arrivait, jusque-là je n'avais jamais couché avec quelqu'un que j'avais pris en photo quelques heures plus tôt.

On nous installe dans une chambre, moi sur le lit et Beau sur un canapé bleu. Je lui dis que je connais cet hôpital. Il y a dix ans, j'ai tourné des scènes de mon second et dernier film dans le couloir et dans deux chambres de l'étage où nous sommes. L'une des chambres se trouvait dans la partie gauche du couloir, l'autre à droite ; dans mon film, le personnage du côté gauche mourait, celui de la chambre de droite survivait. Je ne suis pas superstitieuse, mais je suis contente qu'on nous ait installés à droite.

J'ai fait très peu de cinéma, deux films seulement. Je vis grâce à la publicité, mais j'ai toujours cru que le cinéma avait quelque chose de prémonitoire. C'est pourquoi je me réjouis que ma chambre soit située du côté du personnage qui survit.

Je me retourne dans le lit. Je suis difficile pour les oreillers (en particulier quand j'ai la migraine), j'ai l'impression que celui-ci est rempli de galets de rivière qui s'enfoncent dans mes vertèbres cervicales.

Je lutte contre l'oreiller, j'essaie de trouver une position moins douloureuse, en vain. Beau m'aide à expérimenter d'autres façons de poser ma tête. À la fin, le plus confortable est une couverture pliée avec un soin virtuose. Beau est un excellent improvisateur d'oreillers. Il est très bon aussi pour combiner coussins et oreillers. C'est un expert, il s'est occupé de son père malade les dernières années de sa vie.

On continue de m'administrer différentes substances par perfusion.

Une infirmière entre pour apporter le petit déjeuner alors qu'on vient à peine de s'endormir. Avec la difficulté qu'on a eue à trouver le sommeil ! Mon mal de tête a disparu en grande partie, même s'il est encore tapi, refusant de m'abandonner complètement ou de disparaître sans laisser de trace. Je feins d'aller bien pour qu'on m'autorise à sortir.

Samedi matin

On arrive à la maison à dix heures du matin et on se couche. À cause du pont, la rue est déserte.

Le lit est l'espace où le corps de Beau domine la situation. Tout ce qu'il m'a tu au cours de la nuit, il me le dit là, les bras autour de moi. Il m'explique que depuis la mort de son père il y a deux ans, il n'était plus entré dans un hôpital, d'où son incapacité à rester dans la salle d'attente. Ma peau lui en est reconnaissante et il le sent. Nos corps s'entendent bien sous les draps. Ils se sont toujours bien entendus depuis notre rencontre l'été dernier.

Samedi, quinze heures

Quand je me lève à quinze heures, j'entre dans le salon, engourdie, et regarde Beau effectuer des exercices sur la Body Treck (je l'ai dit au début, je crois) à travers la porte donnant sur la terrasse qui sert de gymnase et de véranda. On dirait qu'il chevauche la machine, son corps irradie puissance et santé. Je le contemple quelques instants, émue. Il me voit, me sourit. Je lui fais un signe de la main droite, le geste du pape s'adressant à la foule. Beau me demande si je me sens mieux, je lui réponds oui, mais ce n'est pas tout à fait vrai.

Soir, nuit et pleine nuit

Le jour décline. Beau décide de ne pas aller travailler pour rester avec moi.

Je ne le lui avoue pas, mais je me sens mal à nouveau. Une chaleur intense dans le cuir chevelu, des palpitations et l'impression que mon système nerveux est hors de contrôle. Ce qui me console, c'est de savoir que dans ces cas-là, comme me l'a dit le médecin, l'idée de la mort est subjective à partir du moment où l'on réussit à ne pas se jeter par la fenêtre. Beau est assis sur le canapé et regarde un DVD à la télé. Pendant ce temps, je traverse l'appartement en long et en large dans le seul but de bouger. Heureusement, c'est un grand appartement. J'évite de m'asseoir ; dès que je suis immobile, mon angoisse s'accroît et je n'arrête pas d'aller dans la cuisine, la salle de bains, la chambre. Je range des objets dans le débarras. Je classe des livres. Je rassemble de vieilles notes sur mon bureau et les jette à la poubelle. Puis je retourne sur le sofa. Je retourne toujours sur le sofa et m'assois à côté de Beau. Je passe le bras autour de lui ou pose la tête sur sa poitrine un instant. Cela me rassure. Et, comme si c'était anecdotique, je lui dis que les « crises » sont revenues, mais avec moins d'intensité. C'est un mensonge, l'intensité est la même.

On se couche tôt. J'avale ce qu'on m'a donné à l'hôpital contre le mal de tête. Imigrane. Et quelque chose pour dormir, un mélange d'antidépresseur et d'anxiolytique. Je bâille, mais je n'ai pas sommeil, je suis très réveillée.

Bizarrement, l'angoisse et la tension qui m'oppressent me permettent de penser avec clarté. Je note même dans les pages blanches d'un livre posé sur ma table de chevet une idée pour un récit. L'écriture me distrait. Je continue d'écrire sur les rabats du livre dans le seul but d'avoir l'esprit occupé. Je peux uniquement écrire sur cet instant même (ma capacité d'imagination n'existe plus), détaillant scrupuleusement mes sensations physiques, assise au lit. Je décris avec minutie ces deux jours de lutte acharnée contre la migraine, céphalée de tension et d'angoisse. Je tente même de donner à un personnage toutes les caractéristiques qui sont les miennes, de lui transférer mon angoisse et ma douleur, mais je n'y arrive pas. La panique et la migraine ne sont pas cinématographiques car elles ne sont liées à aucune action, la personne qui en souffre le fait de manière passive.

J'arrête de prendre des notes et m'allonge à nouveau. Beau dort déjà. J'admire sa capacité à s'endormir. C'est un don que je n'ai pas. J'admire et envie les gens qui s'endorment dès qu'ils se couchent.

Sentir à mes côtés la présence d'un animal endormi aussi somptueux me bouleverse. Si j'étais seule, tout serait pire, je l'ai dit. Mais je ne peux pas passer la nuit à contempler Beau. Je laisse traîner mon regard sur son corps que je parcours comme un paysage, sans hâte. J'éteins la lumière.

Le paysage du corps de Beau n'existe à présent qu'entre mes mains. L'obscurité ne m'aide pas à trouver le sommeil. Je rallume. J'essaie de lire le livre de Rubem Fonseca dont j'ai gribouillé les rabats quelques minutes plus tôt. Le livre s'appelle *Sécrétions, excrétions et absurdités*. Impossible de me concentrer. Je ne comprends pas une phrase, je sais juste qu'il est question de Dieu et de selles humaines. Je le lirai quand ça ira mieux, pour le moment je le repose sur la table de nuit.

À nouveau, les bouffées d'angoisse m'envahissent. J'effectue des exercices de respiration profonde. Beau continue de dormir. Sous la couette, je lui touche les bras, la taille, le haut des fesses, le torse, je le parcours cette fois avec mes mains. Je le caresse, j'étreins son corps musclé pour ne pas tomber dans le vide. Mon mal s'accroît dans le silence nocturne, ce mal que je ne sais pas nommer s'acharne davantage sur moi quand mon corps est allongé. J'ignore pourquoi, dans cette position je suis plus vulnérable.

Je regarde ma montre. Vingt-trois heures et quelques. Je pense aux urgences mais repousse l'idée. Hier ils ont atténué mon mal de tête, mais pour le reste, ça a empiré. J'aurais dû voir un psychiatre. Je devrais appeler un psychiatre, mais je n'en connais pas. Encore moins à cette heure.

Je me rappelle que Gabriela, une amie avec une vie sociale intense (propriétaire d'un restaurant fréquenté par des hommes politiques, des designers, des artistes et des prétendants à ces trois catégories), m'en a présenté un chez elle, lors d'un dîner, ça fait un bail. Je me rappelle aussi qu'elle donne une fête ce soir à laquelle elle m'a invitée, mais j'ai décliné. Je résiste à la tentation de l'appeler, je ne me vois pas en train de lui expliquer mon problème. Par ailleurs, Gabriela finit toujours par me fourrer dans des emmerdements. (Je ne l'ai pas dit avant, mais bien qu'ayant seulement deux films à mon actif, je suis une réalisatrice culte, et les quelques membres de ce culte sont des artistes qui assistent aux soirées de Gabriela.)

J'opte finalement pour Patricia. Elle a assez souffert pour recourir à une aide spécialisée, même si l'aide principale devrait venir de soi et, sur ce plan, elle ne s'est toujours pas décidée. À une époque, Patricia a souffert plus que moi, je le sais parce qu'elle me racontait tout, mais aujourd'hui j'ai l'impression qu'elle a honte et ne me raconte plus rien. Elle est phobique à l'idée de se séparer de son mari, même si elle y pense tous les jours. (Ça m'énerve, mais je respecte les phobies des autres.) Patricia se couche tard, elle est graphiste (on a souvent travaillé ensemble, j'étais avec elle quand on a découvert Beau dans ce club de strip-tease où on cherchait un mannequin pour une publicité pour des slips). Patricia fait partie de ces gens qui se concentrent mieux la nuit, comblant ainsi au passage ses longues heures d'attente.

Je l'appelle. Elle me répond qu'elle connaît en effet plus d'un psychiatre, mais pas assez pour les déranger au cours de ce long week-end et, de surcroît, en pleine nuit. Je lui décris les symptômes, comme un perroquet. Avec son calme habituel, mon amie établit son diagnostic, sans l'ombre d'un doute : je traverse, ou plus exactement je suis traversée, par une crise d'angoisse ou de panique. Elle connaît bien ça et est sûre que moi aussi. Je prends conscience que ma vie n'a pas été si mauvaise. Elle me recommande de me mettre sous la langue 0,50 mg de Trankimazin.

Je n'ai pas cet anxiolytique. L'angoisse chez moi est assez récente. J'ai hérité des migraines de ma famille paternelle, mais je suis plutôt novice pour les crises de panique et d'angoisse. Il faut une ordonnance pour se procurer ce médicament.

— Va voir Gabriela, elle en a forcément, me suggère Patricia.

— J'y avais pensé, mais Gabriela est tellement mondaine, c'est dissuasif. En plus ce soir elle donne une fête chez elle, et je lui ai dit que je ne pouvais pas venir.

— Je crois que c'est la solution la plus rapide, sinon va aux urgences.

— J'y suis allée hier, mais ils ont traité le mal de tête, pas l'angoisse.

— Va voir Gabriela, c'est le mieux, conclut-elle.

Gabriela

Je me décide et fais une fellation à Beau pour le réveiller. Je lui dis que j'ai une crise d'angoisse et qu'on doit aller chez mon amie Gabriela qui a le médicament dont j'ai besoin.

Encore assoupi après ce réveil si agréable, Beau met un peu de temps à comprendre ce que je lui raconte. Cela ne m'étonne pas.

Sur le trajet, dans la voiture, je lui explique que Gabriela me fait peur et qu'il vaut mieux qu'il monte seul. Si elle me voit, elle va insister pour que je reste à sa fête, n'admettra pas que je ne veuille même pas sniffer un rail de coke et ne me lâchera pas comme ça. Gabriela connaît Beau, qu'elle a déjà vu deux ou trois fois avec moi. Beau n'arrive pas à comprendre que je ne monte pas. « C'est trop long à expliquer, lui dis-je, mais crois-moi, ça vaut mieux. »

Je lui raconte quand même : comme je suis une réalisatrice culte, Gabriela se débrouille toujours pour m'entraîner dans un projet de documentaire sur quelqu'un, ce genre de choses…

Je m'aperçois que je ne suis pas très claire et que Beau ne saisit pas bien la situation. Quoi qu'il en soit, il est prêt à monter chercher le Trankimazin, mais avant cela il faut que j'appelle Gabriela pour la prévenir, sans lui dire que je suis en bas, sur le trottoir, devant sa porte.

Gabriela me répond en criant, la soirée bat son plein.

— Amparo, ma chérie, je suis contente que tu te sois décidée à venir. J'allais t'appeler, je parlais de toi il y a un instant avec Barenboim.

— Je ne peux pas venir, Gabriela, mais écoute-moi bien, je vais t'envoyer Beau pour que tu lui donnes du Trankimazin. Tu en as chez toi, n'est-ce pas ?

— Évidemment, et de la coke et un buffet impressionnant. Barenboim était en manque de milanesa argentine et je lui en ai fait préparer un tas. Toi aussi tu aimes ça.

— Oui, beaucoup.

— Il y a plein de glaces également. Bon, tu viens ?

— Non. C'est Beau, mon mec, qui va venir. Je suis en pleine crise d'angoisse et j'ai besoin de Trankimazin. Je ne peux pas aller dans une pharmacie parce que je n'ai pas d'ordonnance et, c'est la vérité, Gabriela, je suis à deux doigts d'exploser, je ne me suis jamais sentie aussi mal de toute ma vie.

— Raison de plus. Une bonne fête, c'est tout ce qu'il te faut.

— Je ne peux vraiment pas...

— Juste une heure. Barenboim tient absolument à ce que tu mettes en scène sa *Flûte enchantée*, parle avec lui un moment et ensuite tu repars avec le médoc.

— Gabriela, je t'en supplie.

— Fais pas chier ! crie Gabriela.

Je n'ai pas le choix. Je monte avec Beau. Heureusement, c'est Gabriela en personne qui nous ouvre. Je l'entraîne dans sa chambre en passant par la cuisine pour éviter de traverser le salon rempli d'invités vociférant et bien défoncés. Je réussis à lui faire comprendre à quel point je suis mal. Je n'ai pas l'habitude de faire ce genre de numéros, contrairement à elle qui n'a pas la moindre pudeur. Je suis plus discrète. Et elle le sait.

Gabriela me donne quatre Trankimazin de 0,50 mg et en garde deux pour elle, pour le lendemain. Elle a l'intention de prendre encore pas mal de coke et de tequila ce soir. C'est incroyable de tenir ce rythme à cinquante-cinq ans.

Je mets un comprimé sous ma langue et m'allonge sur son lit, un lit immense recouvert des manteaux des invités, beaucoup de fourrure. Je me glisse dessous, seule ma tête dépasse. Beau s'assoit où il peut. Je demande à Gabriela de nous laisser seuls jusqu'à ce que l'anxiolytique fasse effet et lui promets de parler ensuite un moment avec Barenboim, juste un moment. Elle s'en va. Je reconnais que c'est une bonne hôtesse de maison, même si ça fait un moment que je ne suis plus son rythme.

Le lendemain

Au réveil, je me sens mieux. Beau doit aller voir sa mère. Il s'assure que je vais bien, je le supplie de faire ce qu'il a à faire. J'ai besoin de rester seule pour vérifier que je suis vraiment aussi bien que je le prétends.

À l'instant même où Beau franchit la porte, je commence à sentir la chaleur envahir mes joues et des coups de fouet nerveux lacérer ma poitrine. Je n'hésite pas longtemps. Je prends un autre comprimé. Je dois remplir ma journée. Et je ne veux pas abuser de Beau, il est déjà convenu qu'on se retrouve ce soir. Je cherche rapidement un film au cinéma, une comédie. Je me décide pour *Eternal Sunshine of the Spotless Mind* de Michel Gondry. La séance débute dans une demi-heure.

Dans le taxi, je passe un coup de fil pour prendre rendez-vous avec un psychiatre de garde. Je pourrai le voir ce soir. Pour le moment j'avale un truc pour la tête. J'appelle Patricia. Elle veut savoir si je vais mieux. Je lui raconte surtout ma visite à Gabriela et lui demande si je peux passer chez elle. Elle me répond bien sûr, elle sera chez elle toute la journée avec sa fille Lorena, âgée de quatre ans. Avec ça, mes quatre prochaines heures sont occupées. J'appelle Beau pour lui dire que tout va bien et que je vais voir le film de Michel Gondry.

Quand le taxi arrive dans le centre, les rues sont envahies par des nuées de gens, c'est comme une manifestation dans laquelle chaque manifestant obéirait à une consigne particulière et à une idée différente. Le chaos. Je me sens très mal. Le taxi est bloqué. Je paie et je descends. Je fais la dernière partie du trajet jusqu'au cinéma en courant, m'efforçant de me frayer un passage dans la foule.

Mais pas plus Michel Gondry que son film (et ce n'est pas leur faute) ne réussissent à me distraire suffisamment pour repousser mes crises d'angoisse successives. Elles m'envahissent moins souvent, mais elles sont bien là pour que je ne me fasse pas d'illusions et me croie en meilleure forme. Je prends note mentalement de tout ce qui m'arrive pour le raconter au psychiatre. Je résiste pendant tout le film. Je sors plaza de los Cubos côté rue de la Princesa.

Mon premier coup de fil est pour Beau. Il est très inquiet et se reproche de m'avoir laissée seule. Je le persuade que je vais bien, j'ai vu le film, je ne suis pas sortie avant la fin, ce qui prouve que j'exerce encore un certain contrôle sur moi-même.

— Tu veux que je vienne chez toi ? me demande-t-il.

— J'ai pris plein de rendez-vous cet après-midi, juste pour que tu aies du temps pour toi et pour ta mère.

Beau semble déçu et je sens que je l'adore. Je ne veux pas qu'il remarque mon état de fragilité, j'ai les larmes aux yeux. Je lui dis que je vais chez Patricia et dois passer chez Vips acheter quelque chose pour sa fille. On convient à nouveau de se retrouver le soir.

Patricia

Patricia m'accueille à sa porte. Non seulement nous travaillons ensemble, mais nous sommes amies. Parfois, des semaines se passent sans qu'on se parle intimement. On n'est pas du genre à emmerder le monde, ni elle ni moi. Nous sommes plutôt hermétiques, très masculines en matière de confidences.

Pour être sûre, surtout, que nous serons seules, je demande après son mari, le père de sa fille. Comme je le supposais il n'est pas là, ce dont je me réjouis. Il travaille pour une marque de vélos américaine et voyage en permanence. Je sais que cet homme a une double, voire une triple vie en dehors de Madrid, peut-être même à Madrid. Et Patricia le sait aussi. Elle a failli le quitter un certain nombre de fois. Dans ces moments seulement, animée par la colère, elle se lâchait avec moi et me racontait les horreurs qu'elle devait supporter. Un mari profondément méchant. Après la dernière tentative de rupture, qui semblait définitive, il n'y a eu ni rupture ni rien de définitif.

Malgré notre amitié, je ne lui pose plus de questions pour ne pas l'embarrasser, et n'évoque pas mes problèmes. J'insiste, on est toutes les deux très viriles. Deux personnes taiseuses, quand elles ont bon cœur, peuvent être âmes sœurs et se porter mutuellement secours en silence. Le silence a mauvaise presse, mais il n'est pas si mauvais.

Patricia a les yeux naturellement tristes, mais cet après-midi, sur le seuil de son appartement, sa tristesse est immense. Je ne l'interroge pas et lui adresse un regard signifiant que je suis là pour l'aider si elle le souhaite.

Comme Patricia et moi ne sommes pas très bavardes, je me concentre sur sa fille, Lo. Lorena. Je lui donne ses cadeaux. Elle les prend, sans dire un mot. Elle est en train de dessiner sur une ardoise. Je lui demande un baiser, et rien, elle ne me répond pas. J'essaie de l'embrasser, mais elle m'en empêche. Cette petite ne m'aime pas et ça m'amuse qu'elle soit aussi antipathique avec moi.

J'entre avec sa mère dans le salon où elle nous suit pour continuer de jouer. Pendant trois quarts d'heure je me contente de l'observer. Regarder un enfant, c'est comme contempler la mer ou un feu. Ils sont toujours authentiques et se renouvellent en permanence, étrangers à nos regards.

À la télévision, ils passent *Frida* de Julie Taymor. Chavela Vargas apparaît, les cheveux gominés, plaqués en arrière. Elle chante un couplet de *La Llorona*. Une version improvisée pour le film qui me déçoit.

Chavela a la voix qui tremble et chante un peu faux. Je coupe le son du téléviseur et dis :

— Elle avait déjà commencé à perdre sa voix.

Je parle avec nostalgie de la chanteuse mexicaine. Patricia me regarde et comprend que je suis plus sensible que d'habitude à cause du contrecoup des deux nuits d'angoisse endurées. En plus du tumulte de Noël.

Thèse sur La Llorona

— J'ai dû entendre Chavela chanter *La Llorona* plus de cinquante fois, toutes étaient différentes et toutes m'ont fait pleurer. Les dernières années, Chavela avait perdu sa voix (mais son talent était intact, ainsi que l'amertume de l'abandon et de la solitude. Tout était intact, et même encore plus fort). Peu à peu, Chavela s'est mise à *dire* la chanson et à moins la *chanter*. Lors de ses derniers concerts, elle ne chantait plus un seul couplet de la chanson, elle la déclamait et à la toute fin la murmurait. L'effet produit était impressionnant. Un silence de couvent, comme elle disait. Elle gardait son cri pour la fin. Le dernier couplet commençait dans un murmure, prolongement du murmure précédent : « Puisque parce que je t'aime tu veux, Llorona, tu veux que je t'aime plus. Puisque parce que je t'aime tu veux, Llorona, tu veux que je t'aime plus. Puisque je t'ai déjà donné la vie, Llorona. » (Elle crie, provocante, tonitruante.) « Que veux-tu de plus ? » (Tout le torrent de voix qu'elle a économisé dans les couplets précédents surgit et grossit dans la prière finale.) « QUE VEUX-TU DE PLUS ! » Le public hurlait toujours à la fin.

Sans doute seuls ceux qui ont été témoins de ce miracle peuvent me comprendre.

— Je dois avoir le disque quelque part, me dit Patricia avec sa douce indolence.

Amer Nöel

Sans attendre qu'elle le retrouve, je me dirige vers le coin du salon où se trouvent la chaîne et les CD et me mets à chercher celui de Chavela. En réalité, c'est surtout pour être occupée après le speech que je viens de débiter à l'improviste. Il faudrait que je maîtrise ce que je dis et que j'évite ce flot de paroles exaltées comme si j'étais droguée. Mais peut-être suis-je droguée ? Et si tous les anxiolytiques que j'ai pris produisaient l'effet inverse ?

Évidemment, n'étant pas pressée, je tombe dessus aussitôt. Je lis la liste des chansons. *La Llorona*, version première époque où elle commence à la *dire*, 1995. *La noche de tu amor. Piensa en mí. Mi churrasca. Las simples cosas. Amarga Navidad.* Comme on est en décembre, cette dernière chanson, « Amer Noël », me semble la plus appropriée. Je glisse le CD dans la chaîne. C'est un chant de Noël qui dit ceci :

J'ai aimé décembre pour que tu partes
que mon Noël soit ton adieu cruel,

je ne veux pas commencer la nouvelle année
avec cet amour, qui me fait si mal.
Et plus tard, quand le temps aura passé,
que tu auras des remords et que tu auras peur,
tu comprendras que ce que tu as quitté
c'est ce que tu as le plus aimé, mais il sera trop tard.
J'ai aimé décembre pour que tu partes
que mon Noël soit ton adieu cruel,
je ne veux pas commencer la nouvelle année
avec cet amour, qui me fait si mal.

J'écoute la chanson en silence, assise sur le canapé. Dans la cuisine, Patricia s'est figée. Elle ne fait aucun bruit et ne bouge plus, comme Angelica Huston dans *Gens de Dublin* quand elle quitte la fête de famille et, alors qu'elle descend l'escalier, entend une chanson qui la paralyse, la main sur la rampe.

J'imagine pourquoi Patricia est immobile. Les paroles de la chanson de Chavela. La chanson nous a prises au dépourvu l'une et l'autre.

Silence. La petite continue de jouer, la chanson n'a pas réussi à pénétrer dans son univers.

Patricia est toujours debout dans la cuisine, nous tournant le dos délibérément, pétrifiée par l'angoisse de quitter le père de Lorena (c'est mon interprétation). Et par l'idée que cet amer Noël puisse être celui de sa libération.

La petite fille brise le silence en me passant un bol plein de noix. J'essaie d'en ouvrir une et me concentre sur cette action comme si elle revêtait une importance capitale. L'enfant me tend un casse-noisettes en forme de cœur en métal, plat, dont la pointe ouvre les fruits quand on appuie sur la rainure qui les divise. J'ouvre la première noix. On entend uniquement dans l'appartement le bruit sec de la coque qui se rompt, et j'ai l'impression que c'est Patricia qui se fracture. Lorena, trouvant très pratique que je fasse le boulot à sa place, enclenche un cycle interminable consistant à me donner un fruit pour que je le casse puis un autre pendant qu'elle mange le précédent, et ainsi de suite. Je suis ravie d'avoir quelque chose à faire.

Lentement, Patricia revient dans le salon et s'assoit sur le canapé, à côté de moi. Quelque chose dans son regard signale que son cœur déborde du poison que lui a inoculé la chanson. Elle ne dit rien et boit une bouteille de bière au goulot directement. J'explique à la petite qu'une partie de la noix est comestible, l'autre non. Patricia nous regarde, accablée, intoxiquée de haine.

Épilogue

Je descends l'escalier et en arrivant dans la rue je me rends compte que pendant tout le temps que j'ai passé avec Patricia et sa fille, je n'ai pas eu une seule crise d'angoisse.

C'est la première chose que je dis au psychiatre avec qui j'ai rendez-vous peu après. Il me recommande un traitement de choc à base d'Huberplex, qui ne parvient pas non plus à éradiquer le mal.

Je dors avec Beau. Plus que jamais je me réfugie dans son corps. Je ne sais pas pourquoi j'ai le pressentiment que je vais être injuste avec lui dans le futur.

Je vais voir un autre psychiatre et sors enfin de l'enfer de ce long week-end de la Constitution. Les premiers jours de mon retour à la normale sont les plus heureux de ma vie.

Adieu, volcan

Pendant vingt ans, je l'ai cherchée sur les scènes où elle avait l'habitude de se produire et, après l'avoir rencontrée dans les coulisses minuscules de la Sala Caracol à Madrid, j'ai passé vingt années supplémentaires à lui dire au revoir, jusqu'à ce très long adieu, sous le soleil abrasif du mois d'août madrilène où je l'ai vue pour la dernière fois

Chavela Vargas a fait de l'abandon et de la désolation une cathédrale où nous pouvions tous entrer et d'où nous sortions réconciliés avec nos propres erreurs, prêts à en commettre d'autres, à recommencer.

Le grand écrivain Carlos Monsiváis a dit : « Chavela Vargas a su exprimer la désolation des *rancheras* avec la nudité radicale du blues. » D'après lui, en renonçant aux mariachis, Chavela a supprimé le côté festif des *rancheras*, montrant ainsi dans toute leur crudité la douleur et le sentiment de défaite que contiennent leurs paroles. D'après moi, dans le cas de *Piensa en mí*, sorte de danzón d'Agustín Lara, Chavela en a tellement modifié le rythme originel que cette chanson joyeuse et dansante est devenue un fado ou une berceuse poignante.

Aucun être vivant n'a chanté comme l'a fait Chavela le génial José Alfredo Jiménez avec le déchirement qu'il faut. « Et si vous voulez connaître mon passé, il faut encore mentir. Je vous dirai que je suis venue d'un monde étrange, que je ne connais pas la douleur, que j'ai triomphé de l'amour et que jamais (MOI JAMAIS, chantait-elle) je n'ai pleuré. » Chavela a créé, avec l'emphase des finals de ses chansons, un genre nouveau qui devrait porter son nom. Les chansons de José Alfredo naissent dans les marges de la société et parlent de défaites et d'abandon. Chavela ajoutait une amertume ironique qui se superposait à l'hypocrisie du monde dans lequel elle devait vivre et qu'elle a toujours chanté avec défi. Elle exultait dans les finals, transformait la plainte en hymne, nous le crachait à la figure. En tant que spectateur, c'était une expérience qui me submergeait : on n'est pas habitué à avoir un miroir aussi près des yeux, le déchirement avec la secousse finale me lacérait littéralement. Je n'exagère pas. Je suis sûr que d'autres gens ont vécu la même chose.

Dans la dernière partie de sa vie, quand elle avait déjà plus de soixante-dix ans, le temps et Chavela ont marché main dans la main ; elle a trouvé en Espagne une complicité que le Mexique lui refusait. Et dans cette complicité, Chavela a connu une plénitude sereine, ses chansons ont gagné en douceur, et elle a déployé tout l'amour qui se nichait également dans son répertoire. « Je veux l'étoile de l'éternel éblouissement, je veux la coupe du plus fin cristal pour trinquer à la nuit de mon amour. Je veux la joie d'un bateau qui revient, et mille cloches de gloire sonnant pour trinquer à la nuit de mon amour. » Tout au long des années 1990 et durant une partie des années 2000, Chavela a vécu cette nuit d'amour éternelle et heureuse avec l'Espagne. Et, comme chaque spectateur, j'ai eu l'impression qu'elle vivait cette nuit d'amour exclusivement avec moi.

Je l'ai présentée dans des dizaines de villes, je me rappelle chacune d'elles, les minutes précédant le concert dans les loges ; elle avait arrêté l'alcool et moi le tabac, et dans ces moments-là nous étions ensemble comme deux syndromes de sevrage. Elle m'avouait qu'elle aurait adoré un shot de tequila, pour se chauffer la voix, et je lui confessais que j'aurais bouffé un paquet de cigarettes pour lutter contre le trac. On finissait par rire, en se tenant la main, en s'embrassant. Nous nous sommes beaucoup embrassés, je connais très bien sa peau.

Grâce à ces années d'apothéose espagnole, Chavela a pu se produire pour la première fois à l'Olympia, à Paris, exploit que seule une autre artiste mexicaine, la grande Lola Beltrán, avait accompli avant elle. À l'orchestre j'étais assis à côté de Jeanne Moreau à qui je traduisais de temps en temps un couplet, jusqu'au moment où Moreau m'a murmuré : « C'est inutile, Pedro, je la comprends parfaitement », et non parce qu'elle parlait l'espagnol.

Après cet impressionnant concert à l'Olympia, elle a réussi, enfin, à se voir ouvrir les portes du théâtre Bellas Artes de la ville de Mexico qui lui avaient été farouchement fermées jusque-là, un autre de ses rêves. Avant la présentation à Paris, un journaliste mexicain m'a remercié de ma générosité envers Chavela. Je lui ai répondu que ce n'était pas de la générosité, mais plutôt de l'égoïsme : je recevais beaucoup plus que ce que je donnais. Je lui ai dit également que, même si je ne croyais pas à la générosité, je croyais à la mesquinerie, et je faisais référence, précisément, au pays dont Chavela était l'ambassadrice culturelle la plus ardente. C'est vrai : depuis qu'elle a commencé à chanter dans les années 1950 dans de petits bouges (qu'est-ce que j'aurais aimé connaître El Alacrán où elle a débuté, avec la danseuse exotique Tongolele !), Chavela Vargas a été une déesse, mais une déesse marginale. Elle m'a raconté qu'on ne l'a jamais autorisée à chanter à la télévision ou dans un théâtre. Après l'Olympia, la situation a radicalement changé.

Le soir du concert au Bellas Artes de Mexico D.F., j'ai aussi eu le privilège de la présenter. Chavela avait réalisé un autre de ses rêves et nous sommes allés fêter ça avec la personne qui le méritait le plus, José Alfredo Jiménez, au bar Tenampa de la plaza de Garibaldi. Assis sous une des peintures murales consacrées à l'immense José Alfredo, nous avons bu et chanté jusqu'à l'aube (pas elle, elle n'a bu que de l'eau, même si le lendemain les journaux locaux ont publié en Une « Chavela reprend une tournée »). Nous avons chanté jusqu'au délire, nous tous qui avons eu la chance d'être à ses côtés cette nuit-là, mais surtout Chavela, avec un des mariachis que nous avions engagés pour l'occasion. C'était la première fois qu'on l'entendait accompagnée par la formation musicale typique des *rancheras*. Et ce fut un miracle, un de plus, parmi tous ceux que j'ai vécus à ses côtés.

Lors de sa dernière visite à Madrid, au cours d'un repas en petit comité avec Elena Benarroch, Mariana Gyalui et Fernando Iglesias, trois jours avant son concert à la Résidence d'étudiants, Elena lui a demandé s'il lui arrivait d'oublier les paroles de ses chansons. Chavela lui a répondu : « Parfois. Mais je termine toujours où il faut. » Je me ferais tatouer cette phrase en son honneur. Combien de fois l'ai-je vue appliquer cet adage ! Cette nuit dans l'indescriptible bar Tenampa, Chavela a terminé où il fallait, sous l'effigie de son cher camarade de beuveries José Alfredo, accompagnée par un mariachi. Les chansons qu'elle avait déchirées dans le passé, accompagnée par deux guitares, redevinrent à cet instant ludiques et festives, où et comme il fallait. *El último trago* fut cette nuit-là un hymne délicieux à la joie d'avoir tout bu, d'avoir aimé sans retenue et d'être toujours vivante pour le chanter. L'abandon devenait fête.

Il y a quatre ans, j'ai découvert le lieu où elle vivait à Tepoztlán, devant une colline au nom imprononçable, Chalchitépetl. C'est dans ces vallées, au milieu de ces collines, que fut tourné *Les Sept Mercenaires*, remake américain des *Sept Samouraïs* de Kurosawa. Chavela me raconte que d'après la légende la colline ouvrira ses portes quand aura lieu la prochaine Apocalypse et seuls ceux qui réussiront à y pénétrer seront sauvés. Elle m'a montré l'endroit précis, d'un côté de la colline, où semblaient être dessinées ces fameuses portes.

Il existe de nombreuses légendes, organiques, spirituelles, végétales, sidérales, dans cette région de Morelos. En plus des collines, qui contiennent plus de roche que de terre, Chavela cohabite avec un volcan au nom éclatant, Popocatépetl. Un volcan actif, avec un passé d'amant humain : défait devant le corps inanimé de sa bien-aimée. Je note les noms à l'instant même où ils sortent de la bouche de Chavela et lui avoue ma difficulté à prononcer le « petl » à la fin des mots. Elle me raconte qu'à une époque les femmes n'avaient pas le droit de prononcer ces lettres. Pourquoi ? Parce que c'étaient des femmes, simplement, me répond-elle. Une des formes les plus irrationnelles de machisme (elles le sont toutes), dans un pays qui n'en a pas honte.

Lors de cette visite, elle m'a dit aussi : « Je suis tranquille », et me l'a répété à Madrid. Sur ses lèvres, le mot « tranquille » prend tout son sens. Il signifie sereine, sans peur, sans angoisse, sans espoir (ou le contraire, mais c'est impossible à expliquer), tranquille. Elle m'a dit également : « Une nuit, je m'arrêterai », et ce mot, « m'arrêterai », est tombé, à la fois lourd et léger, définitif et aléatoire. « Lentement, a-t-elle continué, seule, et j'en profiterai. » Mot pour mot.

Adieu, Chavela ; adieu, volcan.

Ton époux dans ce monde, comme tu aimais m'appeler,

PEDRO ALMODÓVAR

La rédemption

Je suis le gardien de prison de cette ville et j'ai été témoin d'un événement tellement important que j'ai décidé de le raconter, même maladroitement.

Je commencerai avant l'arrivée de l'étranger chez nous, car cela faisait quelque temps déjà que des rumeurs couraient dans des villes proches de la nôtre. On racontait, et nous avons pu constater par la suite que c'était vrai, qu'il affirmait être le Messie, le Fils de Dieu, celui que nous attendions tous depuis des siècles. Ici, je peux assurer que nous n'avons jamais rien attendu, ni personne, mais comme l'étranger a répété ce discours pendant des années dans différents endroits, cette utopie du Messie a fini par nous paraître familière.

Les utopies sont contagieuses et se propagent à une vitesse vertigineuse. Aujourd'hui, après ce que j'ai vu, je ne suis plus très sûr de rien, mais je me souviens parfaitement qu'avant l'apparition de l'étranger, personne n'avait jamais parlé de lui. Comme c'est souvent le cas avec les affabulations, après que les rumeurs ont circulé beaucoup de gens ont produit des preuves antérieures à son apparition, confirmant ses paroles, mais je suis sûr que c'étaient les habitants de la ville qui les inventaient. L'imagination collective est plus puissante que celle d'un individu, aussi développée soit-elle, et aussi pauvres d'esprit que puissent être les membres du groupe (d'un autre côté, je crois que l'imagination n'a aucun lien avec l'intelligence). Par exemple, quand une personne seule exerce sa capacité d'invention à partir d'un thème choisi, et qu'un groupe fait pareil à partir du même thème, on constatera que l'imagination du groupe est largement supérieure à celle de l'individu, et que le résultat revêt un caractère authentique, plus fort et plus consistant.

Je me trompe peut-être, mais pour ma part j'attribue les rumeurs préalables à l'apparition de l'étranger dans notre ville à ses propres efforts en matière de publicité au cours de ses visites dans les villes de notre région. Je ne veux pas insinuer que sa façon d'agir était calculée, mais que la richesse de ses paroles (c'était un maître sur ce plan) et leur tendance à se divulguer lui ont prêté une aide magique.

Quand je l'ai rencontré, il avait plusieurs disciples qui sillonnaient en permanence les villes voisines pour parler de lui et de son pouvoir. Comme il était déjà assez célèbre, je l'ai observé avec une grande attention dès le premier jour. Il était très beau, une beauté tellement parfaite qu'elle ne paraissait pas humaine. Je comprends l'admiration qu'il suscitait, je suis resté moi-même hébété quand je l'ai vu. C'était sa grande arme et la raison pour laquelle il est devenu si populaire. Il attirait tous les regards de manière irrésistible et, à partir de là, on s'intéressait à ce qu'il disait, puisqu'il n'arrêtait pas de parler et de sourire en s'adressant sans distinction à ceux qui l'entouraient. Mais ses paroles se révélaient plus incompréhensibles que sa beauté ; l'une et l'autre appartenaient à une sorte d'individu insolite parmi nous. Il était plus facile d'admirer sa beauté, même si nous ne la comprenions pas, que sa pensée.

Ses propos avaient beau ne pas être intelligibles, nous pressentions qu'ils possédaient une signification importante. Il était question d'immortalité, de perfection, de ténèbres, d'amour et de salut, avec un langage nouveau pour nous. Je suis peut-être trop bête, j'ai pensé, et c'est pour ça que je n'arrive pas à le comprendre. J'ai demandé à d'autres gens de m'expliquer ce qu'il disait, mais ils n'ont pas su non plus. Malgré cela, ou peut-être à cause de cela, son discours était agréable et fascinant.

Les rumeurs sur ce qu'il faisait et disait augmentaient de jour en jour. L'étranger était en réalité une personne exceptionnelle, mais beaucoup d'histoires qui circulaient à son sujet étaient probablement fausses. Lorsque je l'ai entendu parler, j'ai été surpris de découvrir que l'amour et l'admiration qui émanaient de lui se reflétaient sur son visage. Il semblait porter sur nous le même regard émerveillé que nous portions sur lui. Il avait l'air impressionné par notre présence, comme si nous étions d'une beauté insoupçonnée pour lui.

Quant à son attitude, je peux affirmer avec certitude qu'elle n'était pas du tout normale. Au début il ne dormait pas, ne mangeait pas. Il ne manifestait aucun besoin physique. Quand il ne parlait pas, plongé dans ses pensées, il n'était pas avec nous, son image était comme un mirage.

La réputation de l'étranger ne représentait aucun problème pour les autorités. Lorsque, peu à peu, le peuple s'invente un mythe, cela comporte toujours un certain risque, mais l'étranger, en dépit de la fascination qu'il exerçait sur les gens, n'inquiétait pas l'Administration car ses paroles ne semblaient pas contenir de signification politique. C'était un poète qui faisait rêver, avec un univers et des idées fantastiques et, pour cette raison et grâce à sa beauté, il y avait toujours des gens pour le suivre. Cependant, au bout d'un moment, ses discours, sans être plus limpides, se sont remplis de termes plus faciles à interpréter, plus proches de la réalité – j'ignore si c'était dans ce sens qu'il les disait. Par exemple : « Mon royaume n'est pas de ce monde. » Auparavant, il s'était déclaré fils du Dieu de ce royaume. Il nous promettait une vie bien meilleure si nous le suivions, parlait de nous sortir des ténèbres si nous le croyions et abandonnions tout ce qui appartient à ce monde.

Ceci et plusieurs autres critiques du gouvernement firent réagir le président. Le prenant pour un révolutionnaire excentrique, avec des qualités qui échappaient à son analyse, il ordonna son arrestation puis son procès, au cours duquel il devrait rendre des comptes sur ses véritables intentions.

La peur empêcha ses nombreux partisans de se révolter contre cette injustice. Son arrestation provoqua d'abord de la surprise puis une forme d'assentiment à l'égard du gouvernement car, même si les gens admiraient l'étranger, ils étaient aussi curieux que le président de savoir si tout ce qu'il racontait était vrai ou faux. Une fois de plus, le peuple prouvait sa velléité.

C'est ainsi qu'il fut arrêté et que je devins son geôlier. À cette époque, la prison accueillait un célèbre voleur, Barabbas. L'étranger se retrouva dans la même cellule que lui. Quant à moi, on me confia la responsabilité de les surveiller, ce que je considérai comme un honneur. C'étaient les deux prisonniers qui suscitaient alors le plus de curiosité et la mienne était telle que je ne les quittais pas un seul instant, comme on me l'avait demandé.

L'étranger avait connu beaucoup de gens au cours de sa vie publique, mais peu d'entre eux l'impressionnèrent autant que Barabbas. Le voleur était allongé dans un coin de la cellule, comme un animal sale et féroce. Avec sa douceur habituelle, l'étranger l'interrogea :

— Qui es-tu ?

Barabbas le regarda avec colère, cachant la surprise qu'il éprouvait à partager sa cellule avec une personne aussi sublime.

— En quoi ça t'intéresse ?

— Tout m'intéresse. Je crois que personne n'est aussi curieux que moi.

Barabbas sourit d'un air moqueur, renonçant à parler avec cet homme qu'il prenait pour un fou. Mais le temps dans une cellule est un abîme dans lequel, pour oublier, on finit par tenter l'inimaginable. Après des heures de silence pendant lesquelles l'étranger ne se risqua pas à l'importuner, Barabbas lui lança :

— Qu'est-ce que tu fais ici ?

— Je ne sais pas. On m'a amené dans cette prison, mais je ne connais pas encore assez les hommes pour comprendre ce que cela signifie.

Barabbas eut un air de mépris ; puis, la colère l'envahissant, il le menaça :

— Qu'est-ce que tu racontes ? Dès que tu ouvres la bouche, c'est pour dire n'importe quoi. Méfie-toi, si tu as l'intention de te foutre de moi.

— Non, au contraire, j'aimerais te parler de moi et que tu me parles de toi. Nous sommes aussi étranges l'un pour l'autre.

L'homme avait prononcé ces paroles avec tellement de sincérité que l'antipathie de Barabbas à son égard commença à diminuer.

— Je suis un voleur. Je m'appelle Barabbas.

— Et pourquoi es-tu un voleur ?

Barabbas ne sut pas comment interpréter la question naïve de l'étranger. Après un moment d'hésitation, il s'efforça de ne pas y accorder d'importance. Au début, il l'avait pris pour un fou, mais après avoir observé son aspect et ses manières, il comprenait que c'était vraiment une personne sensible et bienveillante. Face à lui, il se sentait encore plus répugnant. Non seulement l'homme portait de riches vêtements, mais toute son attitude irradiait quelque chose de parfait et de supérieur. La rudesse du voleur empêcha l'étranger de remarquer l'impression qu'avait provoquée chez lui son arrivée. D'un autre côté, sa façon de parler et son raffinement l'irritaient. Comme il n'était pas encore tout à fait certain que l'homme ne se moquait pas de lui, il lui répondit sèchement :

— Je suis un voleur parce que je vole. Plus exactement, parce qu'on m'a souvent surpris en train de voler.

— C'est mal de voler ? demanda l'étranger avec simplicité.

— À ton avis ?

— Je pense qu'ils auraient dû réfléchir avant de t'accuser. Qui peut s'attribuer la propriété de ce que tu as volé ? Par ailleurs, si tu as volé, c'est parce qu'à ce moment-là tu en avais besoin…

— Pas toujours ! J'ai volé de l'argent pour boire, j'ai volé des gens plus misérables que moi, et je l'ai fait par méchanceté pure.

Agacé par la présence magnifique de l'étranger, Barabbas en rajoutait, refusant d'accepter ses arguments. Face à lui, il se trouvait plus méprisable que jamais et il lui aurait semblé grotesque d'essayer de masquer son infamie. Pour cette raison, il tenta de se montrer pire encore qu'il l'était, afin de briser définitivement la sympathie de son compagnon.

Mais l'étranger le regardait comme un héros.

— Tu as vraiment fait tout ça ?

— Tout ça et plus, ajouta Barabbas. Je ne suis pas ici par hasard. Les hommes savent que leurs femmes et leurs filles ne sont pas en sécurité quand je suis en liberté.

L'étranger le contemplait, toujours plein d'admiration, fasciné par la brutalité du voleur, à l'opposé de sa délicatesse lumineuse.

— Et j'ai tué, continua Barabbas.

— Tu as tué ?

Il parut encore plus impressionné. Il pensait à la suffisance de Dieu le Père, assis sur son trône, méprisant l'être humain, son œuvre la plus imparfaite. À son grand étonnement, il découvrait qu'un être insignifiant comme Barabbas pouvait, quand il le voulait, porter atteinte à ses desseins.

— Oui, répondit Barabbas, déconcerté par la réaction de l'étranger. Je ne vais pas te dire que ça m'a plu et que je suis un cas unique. Il y en a beaucoup comme moi.

L'étranger le contemplait avec enthousiasme. Barabbas était embarrassé par son regard ; dans d'autres circonstances, il se serait mis en colère, mais quelque chose chez cet inconnu le désarmait.

— Pourquoi me regardes-tu comme ça ? D'où viens-tu ?

— Je ne suis pas de ce monde.

— Sans rire ? plaisanta le voleur.

— Non.

— Et quel est ton monde ? demanda-t-il, amusé.

— Vous ne le connaissez pas. Je suis le Fils de Dieu. Il n'existe pas de termes, en aucune langue humaine, pour parler du monde de Dieu. C'est de là que je viens.

Barabbas continua sur un ton peu sérieux :

— Ah d'accord. Je comprends ta surprise, tu ne t'attendais pas à ce que les humains soient comme moi, n'est-ce pas ?

— Mon père ne m'a jamais parlé de vous. Je crois qu'il ne vous connaît pas très bien non plus.

— Et qu'est-ce que tu es venu faire ici ?

— Je suis venu vous sauver.

Barabbas crut que l'étranger plaisantait à son tour et se mit à rire. Malgré ce rire spontané, il n'arrivait toujours pas à se forger une opinion sur son compagnon. Aussi étranges que fussent ses paroles, il y avait dans sa voix quelque chose de mystérieux qui lui donnait l'impression qu'elles étaient vraies. Néanmoins, Barabbas riait de plus en plus et l'étranger, admirant son naturel sauvage, sous son influence, finit par rire aussi.

Quel ne fut pas mon étonnement quand je les entendis tous les deux se bidonner comme de vieux complices !

Grâce au silence nocturne, je perçus ce qui se passa lors de cette première nuit dans la cellule. Les deux prisonniers blaguèrent comme des gamins jusque très tard, puis ils se turent, ne sachant plus que faire ni que dire. Je ne pouvais quasiment pas les voir, mais j'imaginais la tension qui était la leur, mutuellement attirés et jetés l'un contre l'autre dans la solitude de la cellule. Chacun était l'exemple parfait de la différence entre leur monde. Barabbas était sidéré par la beauté, la douceur, la délicatesse et l'extravagance de l'étranger ; et ce dernier se sentait pareillement fasciné par la laideur, la brutalité, la passion et la misère de Barabbas. Ils se remirent à parler, puis je les entendis se coucher. La cellule était plongée dans l'obscurité, mais j'entrevis les formes de leurs corps dans le même lit, haletant et frémissant.

Le lendemain matin, je leur apportai à manger. C'était la première fois que j'entrais dans la cellule depuis qu'on avait arrêté l'étranger. Tous deux étaient très sereins. La virilité de Barabbas semblait resplendir.

L'étranger hésita à prendre la nourriture ; finalement, comme s'il venait de le décider, il déclara :

— Oui, je veux faire tout ce que vous faites, je veux être un homme comme les autres.

Le voleur et moi le regardions, convaincus que c'était vraiment un être hors du commun.

Après quelques heures passées ensemble, tous deux avaient accepté l'attirance qu'ils éprouvaient l'un pour l'autre. La sincérité réciproque de leur attitude avait annulé les différences qui existaient entre eux. Ils parlaient chacun sans retenue, avec confiance.

— Donc, tu es venu nous sauver. Et que pensestu de l'endroit où tu es ? interrogeait Barabbas.

— C'est le plus bel endroit du monde. Grâce à toi, je découvre combien l'être humain est merveilleux.

— En plus d'être le Fils de Dieu, ce qui est déjà bien assez provocant, pourquoi on t'a arrêté ?

— Je ne sais pas. Peut-être, selon votre point de vue, ai-je commis une faute, mais j'ignore exactement laquelle.

— Ça ne t'inquiète pas ?

— Non.

— Tu es un inconscient. Tu ne sais pas à quel point la mort est voisine de cette prison ?

— Je vais mourir, il doit en être ainsi, mais cela aura une autre signification pour moi.

— S'il te plaît – Barabbas ne plaisantait plus du tout –, dis-moi si tu plaisantes, tu ne te rends pas compte combien ce que tu racontes est dangereux.

Face à la présence de l'étranger, le truand le plus agressif et redouté de la population devenait méconnaissable, il s'inquiétait pour quelqu'un d'autre que lui.

— Mon père aurait dû me parler des hommes, puisqu'il m'a envoyé sur terre pour que je devienne l'un d'entre vous. Il a élaboré son projet dans la précipitation, en partant de quelque chose qu'il ne connaît absolument pas. Depuis que je suis arrivé dans votre monde, je me suis toujours senti étranger et, me repliant sur moi-même, je n'ai pas réussi à vous connaître ; mais depuis hier, depuis que je suis entré dans cette cellule, j'ai commencé à comprendre ce qu'est l'homme et à m'y intéresser. À présent je me sens plus humain car j'en sais davantage sur vous.

— Si ce que tu racontes est vrai, arrête-toi là. Ne t'abaisse pas jusqu'à notre misère. Regarde-moi, contemple la loque que tu pourrais devenir.

— Comment peux-tu dire cela ? Vous, les êtres humains, appartenez à une autre sorte de divinité.

— Bêtises ! – la folie de l'étranger énervait Barabbas. La divinité possède sûrement certains avantages…

— Vous aussi.

— Nous ? Inconscient !

— Vous jouissez d'une immense variété de sentiments. Je commence à me trouver humain car je deviens sensible. Chez les miens, la stabilité n'est pas un plaisir, ce n'est rien. Je n'éprouve rien pour mon père, et il n'éprouve rien pour moi. Notre passé, notre futur et notre présent sont déterminés et toujours pareils. Nous vivons comme dans un rêve tranquille et uniforme. Vous, vous connaissez la haine, la peur, l'amour. La nuit dernière, j'ai su ce qu'était la passion et je ne peux la comparer à rien de ce que je connais. Maintenant je suis triste, je ne sais pas pourquoi, j'aimerais pleurer, et je n'ai pas non plus d'éléments de comparaison.

— Nous, on en a… La haine n'est pas une bonne chose, ni la peur, ni l'amour. Tout cela est horrible.

— Je ne sais pas davantage ce que c'est. Votre existence est tout cela simultanément, la nôtre est l'absence de tout cela.

— Si tu restes avec moi, tu auras le temps de découvrir de nombreuses autres facettes de l'homme, tu ne pouvais pas choisir pire modèle… on verra bien si tu continues de nous admirer.

— Je n'ai pas besoin de plus de temps pour être convaincu. Ta vitalité, votre vitalité à tous, comprends-tu ce que cela signifie ? Tu peux anéantir…

— Anéantir, moi ?

— C'est ce que tu m'as dit. Tu as tué, n'est-ce pas ?

— Oui, mais j'ai été victime à mon tour.

— Tuer, c'est défier Dieu, mon père.

— Et lui, ton père béni, il ne détruit pas ?

— Mon père est une inconscience perpétuelle. Il ne peut ni créer ni détruire, il m'a envoyé ici pour que l'avenir de notre règne change sous votre influence.

— Ton père est aussi fou que toi.

— Je suis content d'être ici, dit l'étranger après un bref silence.

Au début, comme je l'ai dit, l'étranger et Barabbas étaient deux êtres exactement contraires. C'est sans doute ce qui les fascina dès le premier instant. Quand je leur apportai à manger le troisième jour, l'un comme l'autre avaient changé. Barabbas s'était adouci et l'étranger semblait moins parfait et imposant qu'avant. L'influence qu'ils avaient l'un sur l'autre croissait avec le temps. L'étranger, accomplissant la mission de son père, était devenu un homme authentique : il avait faim, aimait, avait froid et était sale comme n'importe quelle personne après trois jours de prison. Mais il était également très heureux d'être parvenu à cet état. Il avait oublié qui il était, jusqu'au jour où il fut convoqué devant le procureur et devant le peuple. Alors il se souvint de sa mission. Il lui restait à accomplir la partie la plus difficile, et maintenant qu'il était un homme il se sentait impuissant et effrayé.

Le peuple espérait un affrontement excitant entre les autorités et l'insolite personnage. Peu importait l'issue, le spectacle promettait d'être grandiose. Au fond, les gens avaient accepté l'injustice du président comme un défi à l'égard de l'étranger qui devait désormais prouver son pouvoir.

L'étranger ne se présenta pas seul. Sans savoir quelle partie il devait jouer, Barabbas fut à ses côtés pendant le jugement.

La première déception arriva quand l'étranger apparut, sale et fatigué, avec des signes de découragement sur le visage, dépouillé de cette force de conviction qui émanait de tout son être quelques jours plus tôt sans qu'il ait besoin de prononcer un mot. En le voyant si humain et si vulnérable, le peuple prit peu à peu parti contre lui. Le mythe qu'il représentait pour ceux qui le connaissaient se fendillait devant cette première impression. Beaucoup, après l'avoir vu, le rejetaient ; d'autres, ses disciples les plus intimes, attendaient avec anxiété qu'il parle et dissipe toutes les craintes. Cependant, déjà vaincu, tête basse, l'étranger attendait qu'on l'interroge, comme s'il n'avait rien à dire.

Le procureur commença :

— Tu es accusé de proclamer que tu es le Fils de Dieu et que ton royaume n'est pas de ce monde. Est-ce vrai ?

L'étranger, troublé et honteux de ses paroles prétentieuses qu'il se souvenait bien d'avoir prononcées, ne pouvait que répondre par l'affirmative, mais n'osait pas. Le peuple se mit à l'injurier, se sentant trompé : tout n'avait donc été que pure apparence avant qu'on le jette en prison.

— Réponds, est-ce vrai ? Tu as perdu la mémoire ou tu ne sais pas parler ? insista le procureur.

Au prix d'un grand effort, l'étranger répondit :

— Oui, c'est vrai.

La foule raillait sa peur. Quant à ses plus proches disciples, ils démentaient avoir eu le moindre contact avec lui à une autre époque.

— Est-il vrai que tu as promis une vie meilleure à tous ceux qui te suivraient ? Est-il vrai que pour obtenir ce que tu leur promets ils doivent tout abandonner, y compris leurs parents, leur terre et leurs amis ? continua implacablement le procureur.

L'étranger pensait : « Comment ai-je pu dire cela ? » Mais il savait que le procureur ne mentait pas, il avait parlé ainsi à de multiples occasions. Comme il était loin désormais de cette grandiloquence ! « Mon Dieu, père ! » murmurait-il, terrorisé. Et Dieu le Père, indifférent à sa situation, lui répondait dans sa tête : « Ne t'inquiète pas, ce n'est qu'une formalité, ce sera vite passé. Tu te débrouilles très bien. » « Mais… », voulut protester l'étranger. « Le problème, c'est que tu as perdu confiance en moi », grogna Dieu. Le procureur, interrompant ses pensées et tentant de calmer en même temps le rugissement du public, lui cria :

— Que réponds-tu ? Est-ce vrai, oui ou non ?

Humilié et plein de remords, l'étranger bredouilla :

— Oui, c'est vrai.

Nouvelle pluie d'insultes. Barabbas lançait des regards furieux à la foule. Il souffrait autant que son ami, mais ne pouvait rien faire.

— Comment as-tu osé dire cela ? Tes paroles constituent une menace contre le pays. Tu promets à ceux qui t'écoutent des biens irréels, semant parmi tous l'insatisfaction et l'inquiétude. Pour qui te prends-tu pour prédire la fin des maladies, de la pauvreté, de la laideur, de l'injustice ? poursuivit-il, moqueur. Le Fils de Dieu ? – chœur grondant du peuple soutenant le procureur. Qui crois-tu convaincre avec tes affirmations farfelues ? T'es-tu regardé ? Même un mendiant a plus d'allure que toi, même Barabbas en personne – en entendant son nom, les gens tournèrent leurs regards vers le voleur, vociférant, amusés. Observez-le, n'est-il pas vrai que Barabbas paraît davantage être le Fils de Dieu que ce misérable ?

Le procureur laissa l'assistance s'agiter et rire de bon cœur, comme s'il désirait faire preuve d'esprit.

— Cependant, malgré l'insignifiance de tes fanfaronnades, tu as commis un grave délit en portant atteinte à la paix de la ville et en insultant l'autorité. Cela mérite un châtiment.

Le président assistait à la scène avec dégoût. Cela l'ennuyait d'être obligé d'intervenir dans une affaire aussi trouble.

— Allons, monsieur le procureur, ne vous acharnez pas, cela n'en vaut pas la peine. Beaucoup de fous affirment des choses bien pires.

— Il faut donner l'exemple pour qu'à l'avenir ils fassent attention à ce qu'ils expriment publiquement.

— Bien. Je me retire, j'en ai assez entendu. Faites ce que bon vous semble avec lui. Je vous laisse la responsabilité du verdict.

Le procureur, encouragé par le soutien de la populace et libéré de la présence du président, eut l'idée de flatter les spectateurs en leur déléguant la décision de la sentence. Les méfaits de Barabbas étaient connus de tous, il devait être crucifié le lendemain ; toutefois, à cet instant, le voleur avait plus de partisans que le malheureux étranger. Le procureur laissa le peuple décider lequel des deux il devait gracier, et le peuple, dans un grand tumulte, choisit Barabbas.

L'étranger était heureux d'avoir sauvé la vie du voleur, mais il pleurait d'effroi en pensant à sa propre mort. À aucun moment la perspective de sa résurrection future ou de son retour au ciel ne fut pour lui une consolation. Il n'y songea même pas. Pour l'homme qu'il était, son unique passion était les hommes, et son unique peur procédait également d'eux.

Barabbas était libre et l'étranger fut ramené à la prison. Cette nuit-là j'ai pu connaître, s'il était réellement le Fils de Dieu, jusqu'où peut aller la souffrance des hommes. Cette interminable nuit, l'absence du voleur augmenta la douleur de l'imminence de sa mort. Seule la pensée que Barabbas était sauvé lui permit de tenir, même si leur séparation lui semblait insupportable.

Les gens accueillirent avec liesse le nouveau Barabbas. Les prostituées lui offraient leur corps baigné dans le vin, mais à leur grande surprise Barabbas refusait tout. Il erra dans la ville, se reniant et reniant ce qui avait été son milieu jusque-là. Pour lui aussi ce fut une nuit de torture, d'après ce que j'ai su. Il répondait aux saluts par un grognement, et certains râleurs regrettaient déjà de l'avoir fait gracier. Il tenta de fuir, mais à la perspective d'abandonner l'étranger il était incapable de faire un pas. Il revint près de la prison, comme m'en informèrent les sentinelles, et rôda autour jusqu'à l'aube.

Le lendemain, on sortit le détenu afin de le conduire au mont où il devait être crucifié. On apporta la croix à la prison pour qu'il porte celle-ci jusqu'au lieu de son supplice. Je n'avais jamais vu quelqu'un dans un tel état d'impuissance.

Barabbas était là, en effet, comme un chien sans maître. L'étranger ne le vit pas. Le poids de la croix l'obligeait à ployer la tête.

Avec une incroyable humilité, Barabbas demanda aux sentinelles la permission de l'aider à porter sa croix. Surpris, les gardes lui accordèrent l'autorisation. À cet instant, l'ex-Fils de Dieu remarqua la présence de son ami.

— Que fais-tu ici ? l'interrogea-t-il, épuisé.

— Je suis à tes côtés.

— Va-t'en, profite de ta liberté. Si ma mort a un sens, c'est que toi, tu puisses vivre. Va-t'en avant qu'ils changent d'avis.

— Je n'ai rien à faire.

— Continue de voler, de tuer, de violer. Abuse de ta force.

— La nuit dernière, j'ai découvert que je n'avais envie de rien, les choses d'avant ne m'intéressent plus, tu m'as transformé.

— Ne dis pas ça. Ce sacrifice stupide est déjà assez pénible.

— Tu n'as pas à t'inquiéter, tu accomplis ta mission.

— Non. La mort me fait peur. Je me fiche de ma mission. Je dois penser à moi, et à toi.

— Mais… et ton père ?

— Je ne sais pas, il est très loin d'ici, je ne sens plus sa présence.

— Je n'osais pas te le proposer, mais puisque ta mission ne t'importe plus, pourquoi ne pas abandonner tout cela et fuir ensemble ?

— Fuir ?

— Oui.

— Je tiens à peine debout.

— Laisse-moi faire.

Et, sans que personne ait le temps de réagir, Barabbas saisit la croix et l'employa pour assommer les sentinelles. Puis il prit l'étranger dans ses bras et s'enfuit en direction du mont.

Souvenir d'un jour vide

Jeudi saint. Par la fenêtre entre la lumière d'un soleil éclatant. Mais je ne sais pas ce que je vais faire aujourd'hui. Est-il amusant ou digne d'intérêt d'écrire sur une journée pénible et ennuyeuse ? Je redoute ces jours-là.

J'ai fini de voir la série de Ryan Murphy sur le *Journal* d'Andy Warhol. Il ne me restait pas grand-chose. Je regarde rarement des séries le matin, mais aujourd'hui c'est spécial.

Quand Warhol est venu à Madrid, j'ai été invité à toutes les soirées organisées en son honneur. C'était en 1983. Il était là pour la promotion de son exposition de pistolets, crucifix et couteaux. À chacune de ces soirées, on n'a pas cessé de nous présenter l'un à l'autre et il ne m'a pas adressé la parole une seule fois. Il se contentait de prendre des photos avec un petit appareil qu'il avait toujours à la main. Ceux qui nous présentaient répétaient toujours la même chose : lui (en parlant de moi), c'est le Warhol espagnol. La cinquième fois où on lui a dit ça, il m'a demandé pourquoi on m'appelait le Warhol espagnol et moi, extrêmement gêné, j'ai répondu : « Peut-être parce que je mets des travestis et des transsexuels dans mes films. » Rencontre embarrassante. Il était venu en Espagne principalement pour que des millionnaires, des célébrités qu'on voit dans *¡Hola!*, lui commandent un portrait ; les soirées avaient lieu dans les maisons cossues de gens richissimes, nobles et banquiers, mais personne ne lui a jamais passé de commande. Je lui aurais bien demandé un portrait, moi, mais en ce temps-là je n'avais pas assez d'argent.

Ce que je préfère dans la série, c'est tout ce qui concerne sa relation avec Basquiat : il y a eu entre eux une véritable histoire d'amour platonique ; la fascination et le respect que Basquiat éprouvait à l'égard de Warhol, qui finit par devenir son mentor, sont évidents. Lorsqu'ils ont décidé de peindre ensemble, ils ont réalisé deux cents tableaux environ, je les ai vus à une exposition à Paris et les ai adorés. Warhol lui-même déclare que Basquiat est meilleur peintre que lui. Je suis d'accord.

Le moment où leur œuvre commune est présentée à New York, un événement capital dans le monde de l'art, que la critique accueillit tièdement, décrétant que Basquiat était la mascotte de Warhol, m'intéresse aussi. Aujourd'hui, plus personne ne doute de la qualité de leurs tableaux conjoints, mais à l'époque la critique américaine fut mesquine et cruelle. Et cela a probablement terni leur extraordinaire collaboration artistique.

Je suis surpris que ces deux artistes aient été aussi sensibles à ce qu'on écrivait sur eux, je les pensais largement au-dessus de cela.

Je suis également surpris par les allusions permanentes à l'homosexualité de Warhol et de son entourage. Je m'étonne que de nombreux critiques ou spécialistes évoquent le désir de Warhol d'être accepté comme artiste gay, ainsi que le double qu'il a fini par construire consciencieusement (avec beaucoup de talent par ailleurs) pour cacher celui qu'il était en réalité et apparaître uniquement comme un personnage plus ou moins grotesque, créé au vu et au su de tous. Sans duper personne. Je comprends que cela ait pu l'amuser un temps, je comprends que l'on puisse avoir envie de montrer au public seulement un visage factice, mais toute sa vie ?

Je croyais, puisqu'il vivait dans la ville la plus dénuée de préjugés au monde et dans un milieu artistique d'avant-garde, que personne ne se poserait la question de savoir si Warhol était gay. Dans le même ordre d'idée, le deuxième grand amour de sa vie, vice-président de la Paramount, n'a jamais avoué leur liaison. Quand on y réfléchit, je suppose qu'au milieu des années 1980, afficher librement son homosexualité, c'était comme déclarer qu'on avait une bombe à retardement dans la poche.

J'imagine que lorsqu'ils tournaient *Flesh*, *Trash* ou *Heat* (Paul Morrissey dans l'ombre d'Andy), personne n'y songeait, pas davantage lors des premiers films de Warhol lui-même, *Sleep*, *Lonesome Cowboys*, *Chelsea Girls* ou *Women in revolt*. Naïf que je suis, quand je contemple l'œuvre et la vie de Warhol ou de Basquiat, je ne pense jamais à leur sexualité ou à la couleur de peau de Basquiat, contrairement, d'après la série, à beaucoup de gens attachés à ce genre de choses.

J'ai acheté le *Journal* de Warhol dès sa sortie et commencé à le lire, mais j'avoue ne pas avoir dépassé les premières pages. Tout ce qu'il mentionnait, au début du moins, c'étaient ses trajets en taxi et le montant précis de chaque course. Je n'ai pas eu la patience de continuer.

C'est la première fois que j'écris sur « l'instant présent », c'est-à-dire que je tente de tenir un journal du moment que je suis en train de vivre (bon, parfois je prends des notes lors de mes déplacements professionnels, et quand ma mère est morte je voulais me rappeler comment je me sentais le lendemain matin, je voulais tout retenir dans les moindres détails). Généralement cela m'ennuie d'écrire sur moi, mais j'aime lire les écrivains ou les artistes qui parlent d'eux, qui écrivent sur eux. En ce sens, je trouve étrange que Warhol n'ait pas rédigé son *Journal* lui-même, mais que tous les matins, dès son réveil, il ait appelé Pat Hackett pour lui raconter au téléphone ce qu'il avait fait la veille (et énumérer le coût de chaque chose : tel est son projet littéraire, noter le montant de tout ce qu'il fait, même une simple course en taxi). Quand on veut consigner la totalité de sa vie dans ses détails les plus infimes, il me semble que le plaisir c'est d'extraire ces détails soi-même, de se souvenir d'eux et de les transformer en mots. C'est le jeu : réfléchir ou se sentir reflété dans la page comme dans un miroir. Je me demande s'il a lu son *Journal* une fois qu'il a été édité. Je crains bien que non. Je ne l'imagine pas en train de lire un pavé de presque mille pages, même s'il s'agit de sa propre vie.

J'ai débarqué dans ce New York-là cinq ans plus tard, en pleines années sida. Les gens cohabitaient avec l'épidémie qui avait emporté les artistes les plus importants de cette époque et de cette ville. Je venais présenter *Attache-moi !* après l'immense succès de *Femmes au bord de la crise de nerfs*.

New York est une ville qui se réinvente en permanence, qui sait renaître de ses tragédies. J'ai raté les folles nuits du Studio 54, mais en 1990 la nuit new-yorkaise n'avait rien perdu de sa folie, son glamour et son charme. C'était la naissance d'une nouvelle époque, mais New York restait New York. Les soirées et les événements les plus importants étaient organisés par les drag-queens, RuPaul et Lady Bunny en tête. Elles devinrent très rapidement les reines de la nuit new-yorkaise aux côtés de Susanne Bartsch qui, bien que femme, était aussi une *drag*. Toutes surent mettre de la légèreté et de la joie dans une ville dévastée par la douleur et la perte.

Je me souviens d'avoir fait confectionner en Espagne des robes de flamenco pour RuPaul et Lady Bunny. Elles furent les hôtesses d'accueil de la première d'*Attache-moi !* à New York, accompagnées par

Liza Minnelli, qui me fit l'honneur de chanter *New York, New York* en descendant l'escalier en métal de la toute nouvelle discothèque The Factory, une ancienne usine électrique. Alors que je l'accompagnais jusqu'à l'escalier, j'ai remarqué qu'elle tremblait (elle sortait d'une cure de désintoxication et était encore fragile). Elle m'a demandé : « Dis-moi ce que tu veux que je fasse, je suis fille de réalisateur, tu sais… »

La vie continuait et il y avait de nouvelles façons de faire la fête pour compenser le fait de ne pas être arrivé dix ans plus tôt. Ce fut la période où les *houses* donnaient des *balls* impressionnants dans les boîtes à la mode. J'ai pu voir émerger le *voguing* avant le documentaire *Paris Is Burning* et le *Vogue* de Madonna, et trente ans avant la série *Pose*.

Avant d'oublier, puisqu'il est question du roi du pop art, je veux évoquer le plus bel exemple que j'aie vu récemment. Je zappais, et soudain, dans un talk-show est apparu un tatoueur qui avait représenté la gifle de Will Smith à Chris Rock. C'était un dessin sans volume, très linéaire, mais très précis. On voyait aussi la jambe du premier client qui avait voulu se le faire tatouer.

Écrire comme je le fais maintenant me rappelle un livre que j'ai lu pendant mon dernier vol pour Los Angeles (pour assister à la cérémonie des Oscars), de Leïla Slimani, dont j'avais adoré *Chanson douce* (prix Goncourt 2016). Je vais le chercher et le feuillette à nouveau, il s'intitule *Le Parfum des fleurs la nuit*. On a l'impression qu'elle écrit ce livre car elle se l'est imposé, et elle commence par parler de son besoin de réclusion pour pouvoir se concentrer sur l'écriture. Elle confesse : « La réclusion m'apparaît comme la condition nécessaire pour que la Vie advienne. Comme si, en m'écartant des bruits du monde, en m'en protégeant, pouvait enfin émerger un autre possible. » Je l'imagine seule dans le lieu où elle écrit, ne répondant pas au téléphone, refusant tout lien avec l'extérieur, devant son ordinateur, attendant qu'une idée la saisisse, ou se mettant justement à écrire sur cette tension : le vide des jours stériles. Son vide, si on peut l'appeler ainsi, est différent du mien.

Pour ma part, je suis arrivé à cet état d'isolement presque total à force de ne pas répondre aux autres, de ne pas entretenir de vraies relations d'amitié ou de négliger celles que j'avais. Si j'éprouve de la solitude, c'est que je ne me préoccupe de personne d'autre que moi. Peu à peu, les gens disparaissent. Un jour comme aujourd'hui, ma solitude est un poids énorme, peu importe que j'y sois habitué, que je sois un solitaire professionnel. Je n'aime pas ça et souvent ça m'angoisse. C'est pourquoi j'ai toujours besoin d'être engagé dans le processus de création d'un film, et c'est le cas en ce moment, j'ai trois projets devant moi. Hélas, il y a toujours les jours fériés, la maudite Semaine sainte pendant laquelle mon activité est paralysée parce que mon équipe est en congé et que mes rares amis et mon frère quittent Madrid.

Je me secoue, m'habille et sors. Madrid est vide à l'exception du trottoir en face de chez moi, le Paseo del Pintor Rosales, où il y a pas mal de monde en terrasse ou flânant, des familles avec des enfants ; un couple de Latino-Américains est assis sur un banc, des fiancés ou jeunes mariés, tout petits, regardent avec joie les gens passer ; je croise aussi un couple de lesbiennes, aux tenues neutres presque identiques, à la coupe de cheveux masculine informelle, toutes petites également. Elles ont un certain âge. J'aimerais en savoir plus sur elles, je suis content qu'elles se soient rencontrées. Le silence des couples m'impressionne toujours.

Je marche une demi-heure, 3426 pas, 2,57 kilomètres. Il faudrait que je marche davantage, mais je n'en suis pas capable. C'est seulement trente minutes de marche obligatoire, mais je souffre, en particulier dans le carré des lombes, à cause de mon opération du dos.

« … Pour écrire, il faut se refuser aux autres, leur refuser votre présence, votre tendresse, décevoir vos amis et vos enfants. Je trouve dans cette discipline à la fois un motif de satisfaction voire de bonheur et la cause de ma mélancolie », dit Slimani. Je ne suis pas d'accord avec elle, en tout cas pas totalement. J'ai respecté à la lettre ce paragraphe et n'ai éprouvé aucun bonheur ni aucune satisfaction ; en revanche, oui, une grande mélancolie. Je trouve désagréable l'idée de rationner son temps, même si l'écriture ou la réalisation sont des activités qui vous dévorent complètement ; Leïla Slimani a peut-être raison quand elle dit que son travail et le mien exigent de nombreuses heures d'enfermement, mais en ce qui me concerne le contact avec la vie des autres me manque beaucoup. C'est difficile de revenir en arrière, à l'époque où on était un être social, où on menait une vie plus chorale ; avec l'âge on ne fait plus feu de tout bois, rencontrer des gens ne suffit plus. Prendre le téléphone et appeler au hasard les vieux amis n'est pas toujours très stimulant. Tout ça est très négatif, surtout pour quelqu'un comme moi, qui me suis beaucoup nourri de ce qui m'entourait pour écrire mes scénarios – ma mère, mon enfance, mes années d'école chez les curés, ma jeunesse madrilène, les dizaines de personnes que je fréquentais pendant la *movida*, les conversations entendues, certains amis extravagants, la douleur aussi, causée par des relations personnelles plus intimes. Si j'étais sûr d'une chose quand j'étais jeune, c'était que je ne m'ennuierais jamais. Aujourd'hui je m'ennuie. Quelque part, c'est un échec.

Je continue avec Slimani, qui me servira de guide et de prétexte comme elle l'a fait dans ce livre qui me passionne, *Le Parfum des fleurs la nuit*. Elle a accepté la proposition de son éditrice de passer une nuit entière enfermée dans un musée. Le projet s'appelait *Ma nuit au musée*, et l'éditrice lui a demandé de dormir à l'intérieur de la Punta della Dogana, bâtiment mythique de Venise, ancienne douane transformée en musée d'art contemporain, et d'écrire à ce sujet.

L'autrice avoue qu'elle n'a pas grand-chose à dire sur l'art contemporain, qu'elle ne s'y intéresse pas assez, mais ce qui finit par la convaincre c'est l'idée d'être enfermée, et c'est pour ça qu'elle relève le défi. Dans le livre, comme moi à cet instant mais avec bien plus de talent et des choses plus intéressantes à raconter, Slimani se laisse porter par les œuvres exposées pour elle seule. Bien qu'elle ne les comprenne pas toujours, celles-ci activent en elle un mécanisme qui la ramène à son enfance à Rabat, au vrai sens de l'écriture, à son père, aux deux cultures qui sont les siennes, marocaine et française, sans qu'elle se sente totalement française ni totalement marocaine, comme si elle était assise le cul entre deux chaises.

Elle parle aussi de Notre-Dame en flammes et du suicide des villes, comme Venise où elle se rend pour passer cette nuit enfermée dans un musée. Je suis impressionné quand elle écrit que la cathédrale Notre-Dame s'est immolée par le feu, épuisée, face à ceux qui l'ont transformée en un objet touristique à consommer.

« Être seule dans un lieu dont je ne pourrais pas sortir, où personne ne pourrait entrer. Sans doute est-ce un fantasme de romancier. Nous faisons tous des rêves de cloître, de chambre à soi où nous serions à la fois les captifs et les geôliers. » Cette idée même me terrifie. Probablement parce que je ne suis pas romancier, ou juste parce que je suis extrêmement claustrophobe. Le livre est passionnant et je l'ai lu d'une traite. Toutes les pages sont soulignées même si, comme je l'ai dit, je ne suis pas d'accord avec un grand nombre d'idées exprimées par l'autrice. Et bizarrement je trouve ça très agréable.

À un moment, elle dit qu'on doit accepter son destin, qu'il soit bon ou mauvais. Je refuse d'accepter le mien et m'efforce de l'améliorer, bien que l'isolement et la sédentarité ne soient pas le meilleur moyen de changer les choses. Mais on vit paisiblement avec ses contradictions. Celles-ci, je les accepte.

Pour les musulmans, continue Slimani, la vie sur terre est seulement vanité, nous ne sommes rien et vivons à la merci de Dieu. Difficile à entendre pour un athée comme moi. Je n'accepte pas, comme elle dit, que la présence de l'homme dans ce monde soit éphémère et qu'on ne doive pas s'y accrocher. Que notre existence soit éphémère, c'est indiscutable, mais c'est la seule chose à quoi on peut s'accrocher. Par instinct, on cherche une raison et une explication, nous sommes des êtres pensants.

Les hommes ont du mal à accepter la cruauté du destin, déclare Slimani. Là, je crois qu'elle parle de moi.

S'il est incontestable que l'écriture, d'un roman ou d'un scénario, exige un long temps de concentration et de solitude, ce flux (qui surgit une fois qu'on est bien installé dans l'histoire qu'on veut raconter) n'arrive pas toujours devant l'écran de l'ordinateur. Moi, j'ai besoin de bouger. Marcher, par exemple. Quand j'arrête d'écrire et que je sors me promener, je continue d'écrire dans ma tête. D'ailleurs, un jour où je marchais, quelqu'un m'a abordé pour me dire quelque chose et je lui ai répondu avec un culot insensé : « Excusez-moi, je suis en train d'écrire. » C'était vrai, même si ça semblait être une boutade, c'est au cours de ces balades que me viennent de nouvelles idées pour développer l'histoire à laquelle je travaille. Ça m'arrive aussi lors des trajets en voiture. Et, bien entendu, pendant les longs voyages en avion. La disparition des repères spatio-temporels augmente ma capacité de concentration. Tout ce que je lis me nourrit et m'inspire. Nombre des intrigues de mes films, ou de nouvelles idées qui débloquent une situation narrative le cas échéant, ont surgi alors que j'étais dans un avion, entouré d'inconnus endormis.

J'aime les écrivains qui parlent de l'écriture et citent en permanence d'autres auteurs ; le livre de Slimani regorge de réflexions sur ce point. « Je ne crois pas qu'on écrive pour se soulager », dit-elle. Je suis d'accord. « Un écrivain est maladivement attaché à ses peines, à ses cauchemars. Rien ne serait plus terrible que d'en être guéri. » Je ne sais pas, on n'écrit pas quand on est heureux, c'est exact, ni sur des personnages heureux ; la tension et les conflits sont comme les *beats* dans la musique, nécessaires à la narration. Quelle que soit l'histoire, ils lui donnent une sorte de squelette, de structure et de rythme.

C'est Jeudi saint. Je n'ai pas mis la télévision une seule fois de la journée, mais je peux percevoir le bruit des tambours des processions, l'odeur de la cire qui brûle et les cris délirants des fidèles (animés autant par la foi que par l'alcool) interpellant les différentes vierges dans les villages et les villes d'Espagne. J'entends aussi les bombes des Russes détruisant les villes ukrainiennes. Pour eux, pas de trêve. L'horreur de la guerre ne fait pas de pause, pas même pendant la Semaine sainte.

Voilà. La nuit est tombée, j'arrête d'écrire.

UN MAUVAIS ROMAN

J'ai toujours rêvé d'écrire un mauvais roman. Tout au début, quand j'étais plus jeune, j'aspirais à devenir écrivain, à signer un grand roman. Avec le temps, la réalité m'a montré que mes textes finissaient par se transformer en bouts de films, d'abord en super-8, puis en longs-métrages qui sortaient au cinéma et obtenaient un certain succès. J'ai compris qu'il ne s'agissait pas de récits littéraires, mais d'esquisses de scénarios.

À première vue, on a l'impression que l'auteur d'un bon scénario est capable d'écrire un bon roman (et qu'il est amené à le faire). J'ai pensé que c'était une question de temps, de maturité, d'emmagasiner des expériences, d'acquérir quelque talent, un regard et un univers personnels ; mais, même si je crois posséder tout cela, je me trompais. Écrire un bon scénario n'est pas facile, cela exige un long investissement, des heures de solitude (et de savoir-faire narratif), ainsi que d'être impitoyable avec soi-même ; mais un bon scénario ne devient pas pour autant un roman. Personne n'est assez stupide pour croire que parce qu'on est un bon scénariste on est destiné à écrire un bon roman, encore moins un grand roman. Pourtant, c'est une aspiration légitime et humaine, qu'il faut repousser ; il est important pour cela de ne pas tomber amoureux de son œuvre.

Je pense avoir surmonté cette faiblesse, du moins l'avoir domptée avec fermeté. Un conseil que je donnerais à tous les écrivains médiocres, et à ceux qui ne le sont pas, c'est l'exercice de l'autocritique, que je pratique moi-même. L'autocritique offre quelque chose d'une valeur inestimable : le calme, la faculté de patienter. Pour ma part j'ai attendu (plus de quarante ans) et j'attends encore. Un autre effet positif de l'autocritique, c'est qu'elle rend la déception finale plus supportable.

Il existe le sous-genre de la novélisation. On l'a vu pour des séries TV et, sans chercher bien loin, un réalisateur célèbre, Quentin Tarantino, a publié peu après son film *Il était une fois à Hollywood* un roman portant le même titre, avec les mêmes personnages. J'ignore si le roman a précédé le film ou lui a succédé ; je pense que Tarantino a commencé le roman, puis s'est dit au bout de quelques chapitres qu'il devait en faire un film. Alors il a écrit le scénario, qui fut nommé aux Oscars dans la catégorie du meilleur scénario original même si c'est *Parasite* qui l'a emporté, brillant film sud-coréen dont on peut cependant trouver le scénario discutable quand on n'est pas fan de rebondissements à répétition et de changements de genre. Il arrive un moment où l'intrigue est ce qu'elle est et ne doit pas se dénaturer ni passer d'un genre à l'autre. (Et c'est moi qui dis ça, qui mélange tout ! J'adore les assemblages, mais pas la mutation. Je l'ai appris avec *Kika*, film pour lequel ce mélange mutant a été fatal.) Sans vouloir être péremptoire, la troisième partie de *Parasite* est un autre film. Mais c'est peut-être excessif parce que, dans tous les cas, j'adore ces deux films et ces deux artistes.

Revenons aux novélisations. Il existe beaucoup d'autres exemples, moins illustres que celui que je viens de mentionner. La novélisation, dans la plupart des cas, est une stratégie pour tirer le plus de profit possible d'un succès audiovisuel en le transformant en roman. Et il y a sûrement un public pour cela. Du reste, cette idée m'enchante. Pendant longtemps j'ai adoré les succédanés, pas seulement dans la culture, mais aussi dans la gastronomie, la mode, etc. Je trouve émouvant cette naïveté de vouloir et de ne pas pouvoir.

Mais si on oublie le consommateur et qu'on pense uniquement à l'auteur, la novélisation est un aveuglement, y compris dans l'autofiction. Quelle est la différence entre un roman et un scénario ? Le premier est un récit dont le principal outil est le mot, la force de frappe du second est fondée sur l'image – sans renoncer au mot pour autant. C'est pourquoi on qualifie certains scénarios de très littéraires, car les personnages parlent beaucoup. On peut citer les films d'Éric Rohmer. Ou mieux encore ceux d'Ingmar Bergman. Je crois que l'un de ses

scénarios a été novélisé, ou qu'il en a existé une version publiée en livre, avant ou après le film, je l'ignore. Mais Bergman, parce qu'il vient du théâtre, est peut-être un des rares réalisateurs dont les scénarios valent la peine d'être novélisés, si c'est lui qui les écrit.

Je confesse que la première phrase de ce texte n'est pas tout à fait exacte, mais je ne souhaite pas y renoncer. Je n'ai pas toujours rêvé d'écrire un mauvais roman. Il m'a fallu longtemps et un certain nombre de films pour admettre qu'en tant que romancier je ne serais pas à la hauteur, même si mes scénarios sont de plus en plus littéraires et que certains de mes films, si j'avais eu assez de talent, auraient été meilleurs sous forme de romans : en effet, pour des raisons de rythme et d'écriture cinématographique, j'ai dû abandonner beaucoup de matière en portant les sujets à l'écran. Pour toutes les histoires que j'ai racontées comme pour tous les personnages que j'ai construits (je parle des films réussis, pas de ceux que j'ai ratés), je disposais de quasiment le double de matière dramatique, que je n'ai pas pu intégrer dans la version définitive. Je possède beaucoup plus d'information sur mes personnages et leurs histoires que ce qui apparaît à l'écran. Tout cela aurait trouvé sa place dans un roman.

Personne n'est plus opposé à un romancier qu'un réalisateur/scénariste. Le réalisateur est un homme d'action qui doit se montrer implacable, coupant des phrases, des réactions, des scènes et des personnages entiers. Car le cinéaste est esclave de l'histoire qu'il raconte et, pour la mener à son terme, il lui faut répondre à des centaines de questions (je n'exagère pas) de toute son équipe. Il n'a jamais assez de temps, et si on tourne en studio, les déplacements ont beau être courts, ils se répètent à l'infini. Si on possède un animal domestique, on ne peut pas l'avoir avec soi. Alors que le travail du romancier est sédentaire, il passe tout le temps qu'il veut devant son ordinateur puis sort faire un tour s'il en a envie. Il est dispensé de parler à quiconque, et plus encore de répondre à des questions pendant le processus d'écriture. Il a la possibilité de caresser ses chats. De boire de l'alcool. De fumer comme un pompier. C'est quelqu'un de libre, dont la vie, comme celle de tout le monde, comprend peut-être son lot de malheurs, mais un romancier saura toujours y puiser la part la plus vive de son œuvre.

Toujours à propos de la différence entre un scénario et un roman, plusieurs réflexions me viennent à l'esprit. Ce sont deux disciplines totalement distinctes. Ce n'est pas un hasard si peu de bons romans deviennent de grands films. Même l'immense Kubrick a échoué avec *Lolita* de Nabokov. Il y a des exceptions, bien sûr, *Gens de Dublin* de James Joyce/John Huston, ou *Le Guépard* de Lampedusa/Visconti…

Je donne un exemple : un personnage va ouvrir une porte, quelqu'un vient de frapper. Dans un scénario, on doit juste expliquer l'action, c'est-à-dire Untel ouvre la porte. Dans un roman, pendant ce court moment (l'instant où l'homme s'avance vers la porte), on peut raconter toute l'histoire du personnage et son rapport au monde. On peut raconter n'importe quoi.

Au cinéma, le discours intérieur n'existe pas ; il y a la voix off et le flash-back, mais ce n'est pas pareil. Tous deux sont des éléments narratifs qu'il faut utiliser avec une extrême prudence, sauf quand on s'appelle Martin Scorsese, spécialiste des flash-backs merveilleusement portés par une voix off.

Il y a quelques années, j'ai renoncé à mes aspirations romanesques, mais quand j'ai lu *Mac et son contretemps*, d'Enrique Vila-Matas, roman dans lequel le héros décide de réécrire une œuvre que tout le monde a oubliée, *Walter et son contretemps*, cela a élargi le champ romanesque que je pourrais aborder dans la limite de mes possibilités.

Mac est fasciné par les livres posthumes et rêve d'en écrire un qui puisse avoir l'air posthume et inachevé. Il est également très attiré par la mystification. Pour ma part, je crois qu'il n'existe pas de mystification sans aveuglement. L'important, c'est de ne pas s'aveugler soi-même (j'ai soudain un doute sur ce dernier point) et Mac est très conscient de ce qu'il fait. Son plan est d'écrire tous les jours, de remplir les heures car il n'a plus de travail et les journées sont très longues. Mais la discipline consistant à tenir un journal ne lui plaît pas, ce qui l'intéresse c'est écrire une œuvre de fiction, pour laquelle il a besoin de quelques idées. Il découvre *Walter et son contretemps*, un roman qui passa inaperçu lors de sa publication, et dont personne ne se souvient.

Or, il se trouve que l'auteur est un de ses voisins (antipathique à son égard, raison pour laquelle il estime ne lui devoir aucun respect). Toutes ces circonstances suffisent pour que Mac décide de réécrire *Walter et son contretemps*, en l'améliorant, bien entendu. Les conséquences ne le préoccupent pas plus sur le plan légal que littéraire. Il mourra peut-être avant d'achever le roman, qui deviendra alors un faux livre posthume.

Le roman de Vila-Matas, extrêmement drôle et intelligent, m'a amené à la conclusion que pour certaines personnes (moi, sans aller bien loin) qui éprouvent le besoin d'écrire un roman, la qualité ne devrait pas être un contretemps (mon contretemps). Si je me sens incapable d'écrire un grand roman, je pourrais m'essayer à l'écriture d'un autre genre de roman dont la valeur ne tient pas seulement à sa qualité ou à son ambition. Un mauvais roman est, au bout du compte, un roman, et si je fais abstraction de sa qualité, ou simplement que j'arrête de m'en préoccuper, un mauvais roman pourrait être à ma portée. Ce serait un roman mature et honnête, dans lequel l'auteur sait ce qu'il fait et a dépassé les velléités juvéniles de la transcendance. Ce pourrait même être amusant, ce ne serait pas la première fois.

Je trouve dans *Yoga*, d'Emmanuel Carrère, un conseil qu'il a lui-même puisé dans un livre qu'il admire, *Promenades avec Robert Walser*, de Carl Seelig. C'est un conseil pour écrivains impatients : « Prenez quelques feuilles de papier et pendant trois jours de suite, écrivez, sans le dénaturer et sans hypocrisie, tout ce qui vous passe par la tête. Écrivez ce que vous pensez de vous-même, de vos femmes, de la guerre turque, de Goethe, du crime de Fonk, du Jugement dernier, de vos supérieurs, et au bout de trois jours vous serez stupéfait de voir combien de pensées nouvelles, encore jamais exprimées, ont jailli de vous. Voici en quoi consiste l'art de devenir en trois jours un écrivain original. »

Cela me fascine et je suis entièrement d'accord, mais je ne me sens pas capable de mener à bien un exercice aussi brillant. Je peux écrire pendant trois jours tout ce qui me passe par la tête, sans le dénaturer et sans hypocrisie. Je crois que je l'ai déjà fait, peut-être pas trois jours de suite mais deux c'est sûr, à Noël ou pendant la Semaine sainte, qui sont des périodes paroxystiques de solitude et d'ennui. Cela me semble plus accessible que de laisser couler mes pensées comme dans la méditation yoguiste. Je suis continuellement envahi par des pensées et des chansons qui insistent pour me tenir compagnie quand je suis dans le silence (la majeure partie de mon temps lorsque je ne tourne pas). Surtout des chansons. Parfois c'est la même chanson en boucle, jusqu'à ce que mon cerveau désespéré, exécutant un de mes ordres, la remplace par une autre qui à son tour se répète en boucle jusqu'à ce que je m'endorme. Une torture.

Je n'ai aucun problème à écrire sur moi-même. Je dirais que je ne fais presque que cela. Écrire sur « mes femmes » et « mes hommes » me paraît plus difficile, je ne veux impliquer personne dans ce que j'écris, ou seulement si j'ai suffisamment transformé le personnage original pour qu'on ne puisse pas le reconnaître.

Sur la guerre turque et sur Goethe je serais obligé, je le crains, d'effectuer un travail de documentation, et cette idée ne m'attire pas beaucoup. Dans tous les cas, il me faudrait plus de trois jours. Quant au crime de Fonk, j'imagine que je pourrais écrire sur n'importe quel crime parmi tous ceux dont on parle quotidiennement aux informations. Pour ce qui est de mes supérieurs, je n'en ai pas. Je suis mon propre chef.

C'est dommage, car le conseil de Carl Seelig est génial, mais il me montre en même temps mes propres limites et, probablement, celles de beaucoup d'aspirants à l'écriture.

Puisque je ne suis pas capable de parler de la guerre turque, du crime de Fonk et de Goethe, et que j'ai la flemme de réaliser des recherches dessus, je me tournerai vers des sujets et des personnes plus proches. Ceci pourrait être un bon début :

« Je suis né au début des années 1950, une sale époque pour les Espagnols, mais formidable pour le cinéma et la mode. »

Crédits

Table

NORD COMPO
multimédia

Composition et mise en pages
Nord Compo à Villeneuve-d'Ascq

Achevé d'imprimer en avril 2024
par Normandie Roto Impression s.a.s.
61250 Lonrai
N° d'impression : 2401961
N° d'édition : 617077-0
Dépôt légal : août 2024

Imprimé en France